U0541256

国家智库报告 2016（9）
National Think Tank
经济

中国工业经济运行年度报告（2015—2016）

中国社会科学院工业经济研究所工业经济形势分析课题组 著

CHINA'S INDUSTRIAL ECONOMIC SITUATION AND PROSPECTS IN 2015-2016

中国社会科学出版社

图书在版编目(CIP)数据

中国工业经济运行年度报告.2015~2016/中国社会科学院工业经济研究所工业经济形势分析课题组著.—北京：中国社会科学出版社，2016.3

（国家智库报告）

ISBN 978-7-5161-7842-3

Ⅰ.①中… Ⅱ.①中… Ⅲ.①工业经济—研究报告—中国—2015~2016 Ⅳ.①F42

中国版本图书馆 CIP 数据核字（2016）第 054307 号

出 版 人	赵剑英
责任编辑	王 茵
特约编辑	王 衡
责任校对	朱妍洁
责任印制	李寡寡

出　　版	中国社会科学出版社
社　　址	北京鼓楼西大街甲 158 号
邮　　编	100720
网　　址	http://www.csspw.cn
发 行 部	010-84083685
门 市 部	010-84029450
经　　销	新华书店及其他书店
印刷装订	北京君升印刷有限公司
版　　次	2016 年 3 月第 1 版
印　　次	2016 年 3 月第 1 次印刷
开　　本	787×1092 1/16
印　　张	7
插　　页	2
字　　数	103 千字
定　　价	29.00 元

凡购买中国社会科学出版社图书，如有质量问题请与本社营销中心联系调换
电话：010-84083683
版权所有　侵权必究

课题主持人：黄群慧　张其仔

课题组成员：黄阳华　江飞涛　李芳芳　李　钢
　　　　　　　梁泳梅　王秀丽　王燕梅　吴利学
　　　　　　　袁惊柱　原　磊　张航燕　张艳芳

本报告执笔人：张航燕　王秀丽　李芳芳

中文摘要： 2015年，中国工业经济增速继续下行，规模以上企业增加值增速下滑到了1992年以来的最低点，行业加速分化，逆周期行业面临发展机遇期，工业企业利润总额出现负增长，行业盈利空间受挤压，但结构调整取得进一步进展，说明中国工业仍然延续着2014年的"减速换挡"过程，且放缓并未减缓，当前工业增速探底的过程还尚未结束。2016年我国工业经济形势仍然复杂严峻，运行中诸多矛盾叠加，风险隐患增多，下行压力仍然较大，但同时工业发展也处于可以大有作为的重要战略机遇期。预计2016年工业经济增速可能会出现"前低后高"的走势，全年规模以上工业增加值增速为5%—6%。2016年是"十三五"的开局之年，不仅需要保持工业经济发展的平稳，也要着力促进供给侧结构性改革，这需要我们把握战略机遇期内涵的深刻变化，采取创新驱动战略，着力"去产能""去库存""去杠杆"，"降成本""补短板"并健全金融市场来应对各种风险和挑战，将长期政策和短期政策结合起来，宏观政策与微观政策结合起来，供给管理与需求管理结合起来，为工业经济的健康发展奠定基础。

Abstract: China's industrial economic growth continued downward in 2015. With accelerating differentiation among the industries, above-scale industrial enterprises' added value growth rate had slipped to the lowest point since 1992, and the counter-cyclical industries are facing opportunities for development. There was negative growth in the total profit of industrial enterprises, and the industry profit margins are being extruded. However, further progress was achieved in adjusting the economic structure, which is showing that the pace of economic growth is still changing, and painful structural adjustments still need to be made just like 2014. The current dip in industrial growth process has not yet ended. China's industrial economic situation is still complicated and grim in 2016, there still are many contradictions and potential risks in the running of industrial economic, and downward pressure remains great. But it should be noted that we are now in an important period of strategic opportunity during which great progress can be made in China's industrial development. Industrial economic growth is expected to occur "a front that is lower than rear" trend in 2016 and above-scale industrial enterprises' added value growth rate could be between 5% and 6%. The year 2016 is the first year of the "Thirteen Five", and it has not only the need to maintain the smooth development of the industrial economy, and also the need to strive to promote the reform and transformation, which requires us to prepare to grasp the connotation profound changes of strategic opportunity. So, we should continue to pursue innovation-driven development, and focus on the "de-capacity", "de-inventory", "de-leverage", "cost-reduction", and "improving shortcomings", and sound the financial markets to deal with risks and challenges. Meanwhile, the long-term policies the short-term policies, and the macroeconomic policies should be combined with the microeconomic policies, and the supply management should be combined with the demand management, so that they can lay the foundations for the healthy development of the industrial economy.

目 录

一 2015年工业经济运行形势分析 ……………………（1）
  （一）2015年工业经济总体情况 ……………………（1）
  （二）行业的运行形势 ………………………………（12）

二 2016年工业经济运行展望 …………………………（31）
  （一）工业运行面临的机遇 …………………………（31）
  （二）工业运行面临的挑战 …………………………（41）
  （三）工业增速趋势预测 ……………………………（53）

三 政策建议 ……………………………………………（65）

附 国际工业经济分析 …………………………………（83）
  （一）2015年国际工业形势 …………………………（83）
  （二）2016年展望 ……………………………………（98）

2015年中国工业经济运行低速平稳增长,工业企业盈利能力下降,但行业结构优化迹象显著,体现了从"旧常态"向"新常态"的逐步过渡。2016年工业经济增速可能会出现"前低后高"的走势,预计全年规模以上工业增加值增速为5%—6%。

一 2015年工业经济运行形势分析

(一)2015年工业经济总体情况

2015年中国工业经济增速继续下行,规模以上企业增加值增速下滑到了1992年以来的最低点,分行业看,大部分行业出现增速下行趋势,且行业间分化明显。工业行业利润总额出现负增长,盈利空间受挤压。

工业增速继续下行，为 1992 年以来新低。改革开放以来，特别是 1992 年邓小平南方谈话以来，工业经济维持了高速增长，然而近年来出现明显下滑态势，规模以上工业企业工业增加值增速 2012—2014 年分别为 10%、9.7% 和 8.3%，分别下降 3.9、4.2 和 1.4 个百分点，而 2015 年 11 月规模以上工业企业工业增加值已经下降到 6.1%，较之去年同期下降 2.2 个百分点，延续 4 年来同比下滑态势；而 2012—2014 年全部工业企业工业增加值增速分别为 7.9%、7.6% 和 6.9%，预计 2015 年全部工业企业工业增加值增速将下降至 5.6% 左右（见图 1），

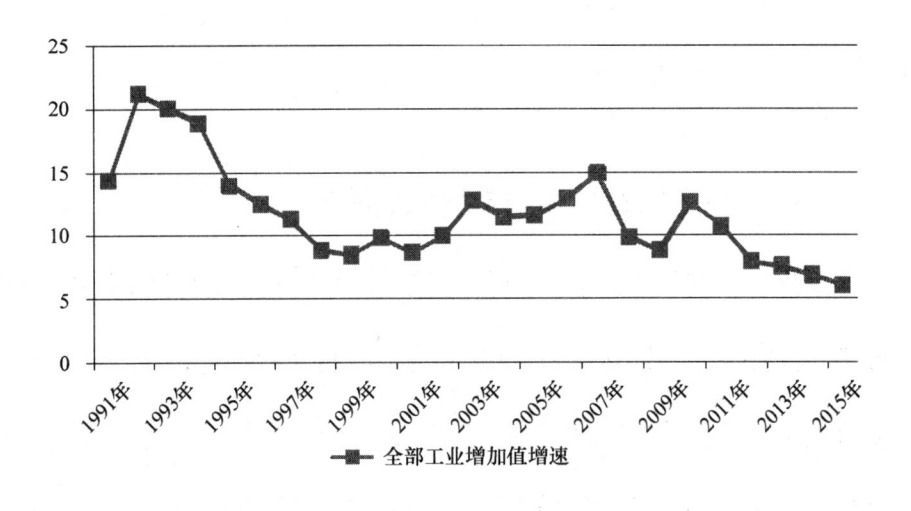

图 1 全部工业增加值增速（单位:%）

数据来源：国家统计局。

为1992年邓小平南方谈话以来最低点,体现了当前工业经济增长面临巨大的下行压力。从趋势上看,2015年[①]延续了2014年"减速换挡"的过程,且放缓程度并未减缓,这意味着当前工业增速探底的过程尚未结束。

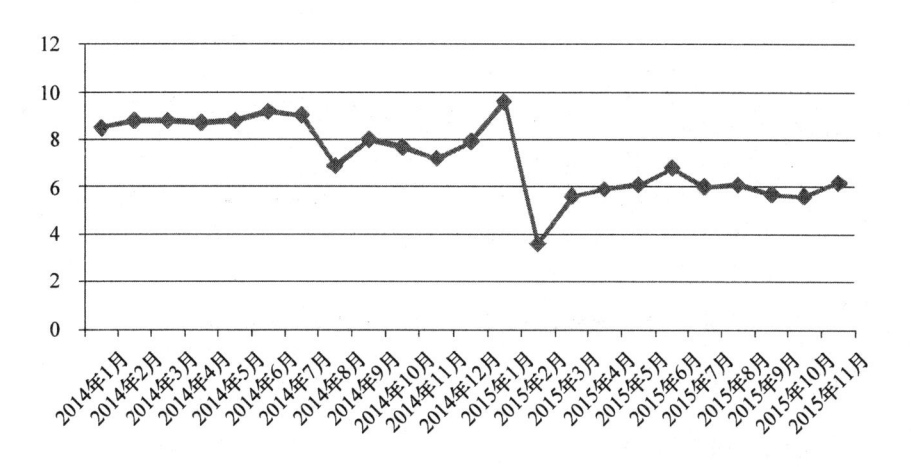

图2　规模以上工业企业工业增加值月度同比增速（单位:%）

资料来源：国家统计局。

需要注意的是,当前工业经济增幅下滑的状态是建立在一个"工业规模较大,环境约束增强"的基础上取得的。据测算,实际工业增加值将达21万亿元（2005年为基期）,较2000年的4万亿,增加4倍多,而名义工业增

[①] 在年度数据中,2015年工业增加值同比增速由2015年11月工业增加值累积同比增速代替,这是因为,从历史来看,年度工业增加值同比数据与11月份工业增加值累计同比数据相差不大。

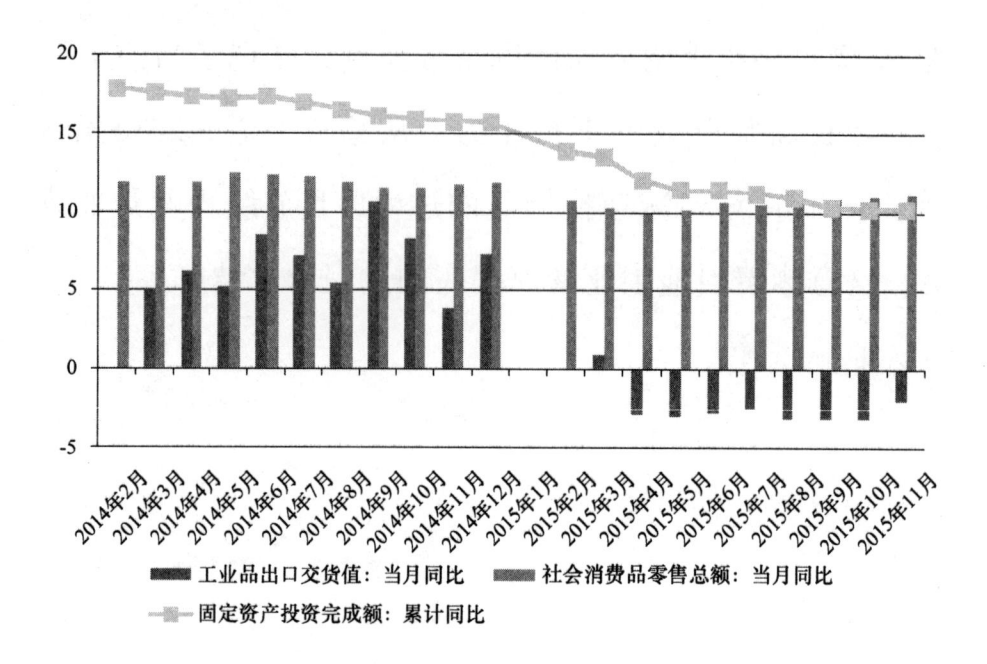

图3 工业增加值拉动因素月度同比增速（单位:%）

注：2015年2月数据为2015年1—2月合并发布的工业数据。

资料来源：国家统计局。

加值规模增加更多。经过30多年的发展，中国工业规模不断扩大，而环境的承载力越来越弱，为应对这种状况，政府不断加强环境治理力度，2015年，李克强总理在年初政府工作报告承诺"二氧化碳排放强度降低3.1%以上，化学需氧量、氨氮排放减少2%左右，二氧化硫、氮氧化合物排放分别减少3%左右和5%左右"，并以新的《环境保护法》为依据，严惩违法者，随之而来的各种节能减排项目相继落地，环境约束进一步加强。综上所述，由于基数大、环境约束强，2015年工业增速依旧维持在5%以上实属不易。

行业加速分化，逆周期行业面临发展机遇期。 2012年以来，各个行业工业增加值均出现不同幅度的下滑迹象，这种下滑具有普遍性，从产业链上游资源能源开采冶炼业到重化工业、装备制造业，再到靠近消费端的轻工业，都是如此。2015年增长最快的几个行业有酒、饮料和精制茶制造业，橡胶和塑料制品业，金属制品、机械和设备修理业，化学原料及化学制品制造业，医药制造业，计算机、通信和其他电子设备制造业，化学纤维制造业，有色金属冶炼及压延加工业，燃气生产和供应业，废弃资源综合利用业。其中一些属于逆周期性行业①，在经济下行时期往往需求较大，比如医药制造业，金属制品、机械和设备修理业；一些行业是发展阶段所致，比如废弃资源综合利用业，一些行业属于朝阳产业，比如计算机、通信和其他电子设备制造业，以及为该行

---

① 经济总量往往表现为复苏、繁荣、衰退和萧条的阶段性周期循环的现象，而逆周期行业则表现为与整体相反的循环状态，当经济总量处在繁荣期时，逆周期行业呈萧条状态，而经济总量处于萧条状态时，逆周期行业增速则大幅提升。比如医药行业，当经济处在高速发展时期，人们承受的压力相对较小，各种疾病发生概率相应降低，对于医药的需求相对减少；而经济处在萧条期时，人们承受的压力增大，各种疾病的发生概率提高，进而对医药的需求增多。

业配套的产业，如有色金属冶炼及压延加工业和化学纤维制造业。

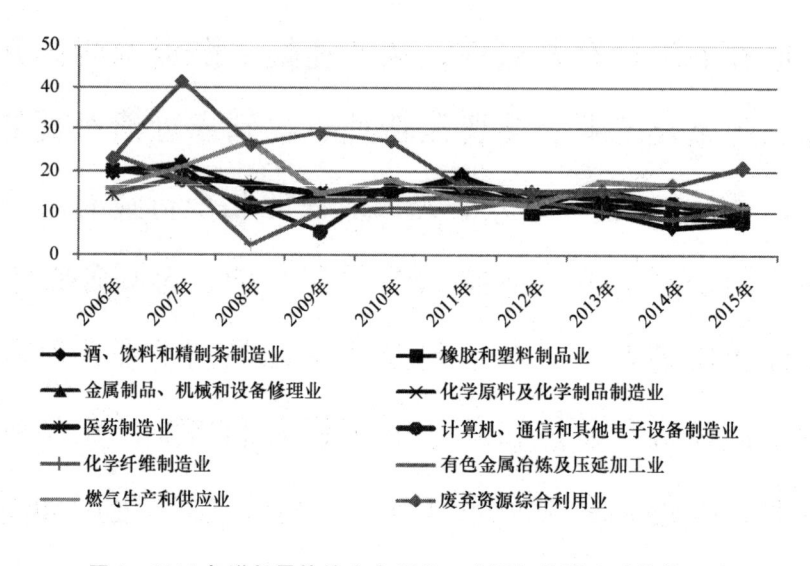

图4　2015年增长最快的十个行业工业增加值增速（单位:%）

下滑趋势中，增长最慢的十个行业分别为开采辅助活动，电力、热力的生产和供应业，煤炭开采和洗选业，其他采矿业，烟草制品业，通用设备制造业，专用设备制造业，黑色金属矿采选业，石油和天然气开采业，有色金属矿采选业等重化工业和产业链上端行业。受资源能源大宗商品价格下降影响，国内资源能源开采业和洗选业受影响程度较深。与此同时，受需求端低迷和产能过剩困扰，产业链中端的装备制造业增长乏力。

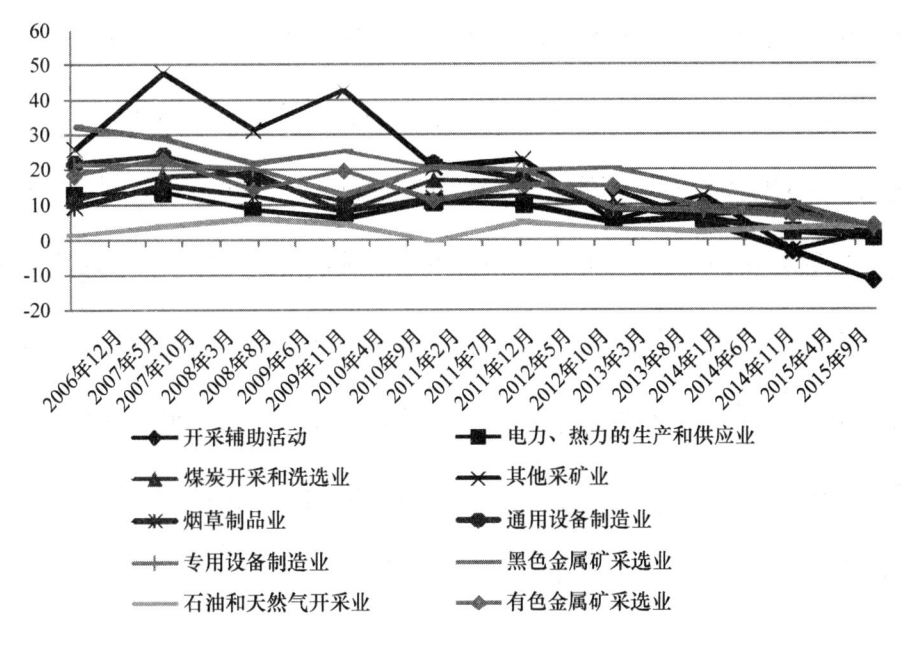

图5 2015年增长最慢的十个行业工业增加值增速（单位：%）

资料来源：国家统计局。

2015年，在整个工业行业增速出现下行甚至大幅下行的形势中，大部分行业下降幅度较大，而下降幅度最大的几个行业有开采辅助活动，文教、工美、体育和娱乐用品制造业，黑色金属矿采选业，通用设备制造业，烟草制品业，汽车制造业，铁路、船舶、航空航天和其他运输设备制造业，燃气生产和供应业，仪器仪表制造业，金属制品、机械和设备修理业，专用设备制造业，有色金属矿采选业。其中，作为拉动力较强的汽车制造业，2015年较去年下降近6个百分点。开采辅助活动增速出现负增长，而有些行业不仅保持稳定增长态势，甚至出现增幅上涨的趋势，如纺织业，石油和天然气开采业，其他制造业，酒、饮料和精制茶制造业，石油加工、炼焦及核燃料加工业，化学纤维制造业，废弃资源综合利用业，其他采矿业。其中，纺织业，酒、饮料和精制茶制造业等行业是靠近消费端的行业，这意味着需求结构正在发生变化，而过去依赖投资的发展模式正在优化调整。

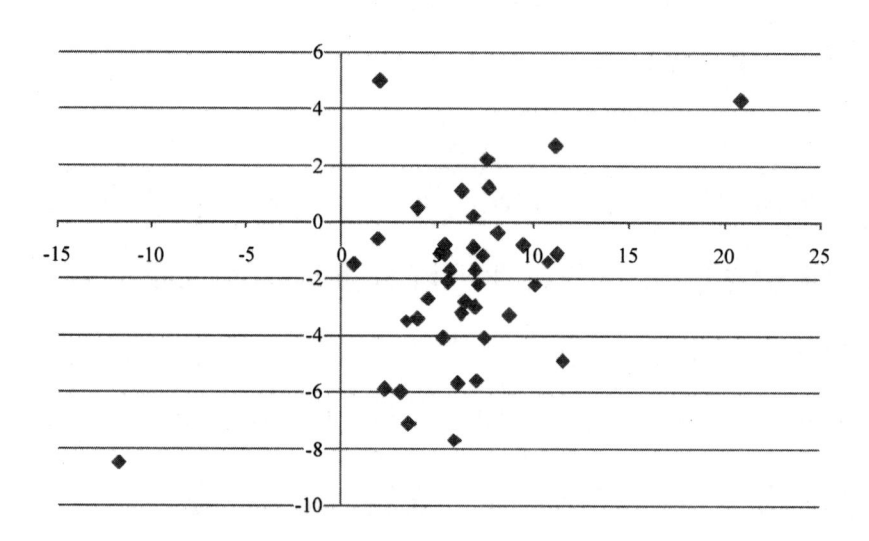

图6　2015年分行业工业增加值增速和增幅变动（单位:%）

注：横轴为同比增速，纵轴为增长幅度。

数据来源：国家统计局。

工业企业利润总额出现负增长，工业行业盈利空间受挤压。2015年，工业企业利润总额较去年同期大幅下滑，工业行业盈利能力大幅下降。三个原因共同作用导致此种现象：一是全球市场需求低迷，需求规模大幅缩减，导致工业行业议价能力减弱，进而挤压利润空间。截至2015年11月，工业品出口交货值累积同比下滑1.6个百分点，2009年以来首次出现负增长。二是随着国内互联网的发展，工业企业区域垄断格局被打破，利润空间被平台公司蚕食。数据显示，2015年消费品零售总额增速下滑不明显，固定资产投资完成额增速下滑5.6个百分点，但依旧保持较高的增长速度，总体看国内需求依旧维持增长态势；与此同时，2015年消费品价格虽增幅放缓，但依旧稳步上涨，而工业品出厂价格连续3年持续下跌，而且下跌幅度不断扩大，截至2015年11月已经下降至94.1。居民消费价格与工业品出厂价格价差的扩大说明利润空间部分被平台公司等服务业分食，工业行业的盈利能力被挤压。三是尽管主营业务成本随着主营业务收入同比增速下滑，但工业企业成本收入比不降反升。规模以上工业企业的成本收入比，2015年11月较2013年、2014年同期分别增加0.52和0.07个百分点。另外，主营业务收入增速下滑的同时，管理成本和财务成本等增速下滑不明显，导致利润空间进一步压缩。总之，市场规模缩小、工业行业地位相对下降、成本下降比例相对缓慢共同挤压工业行业的利润空间，导致工业行业盈利能力减弱。

东、中、西部工业经济增速分化势头减弱。在新一轮西部大开发战略政策的推动下，西部地区基础设施得

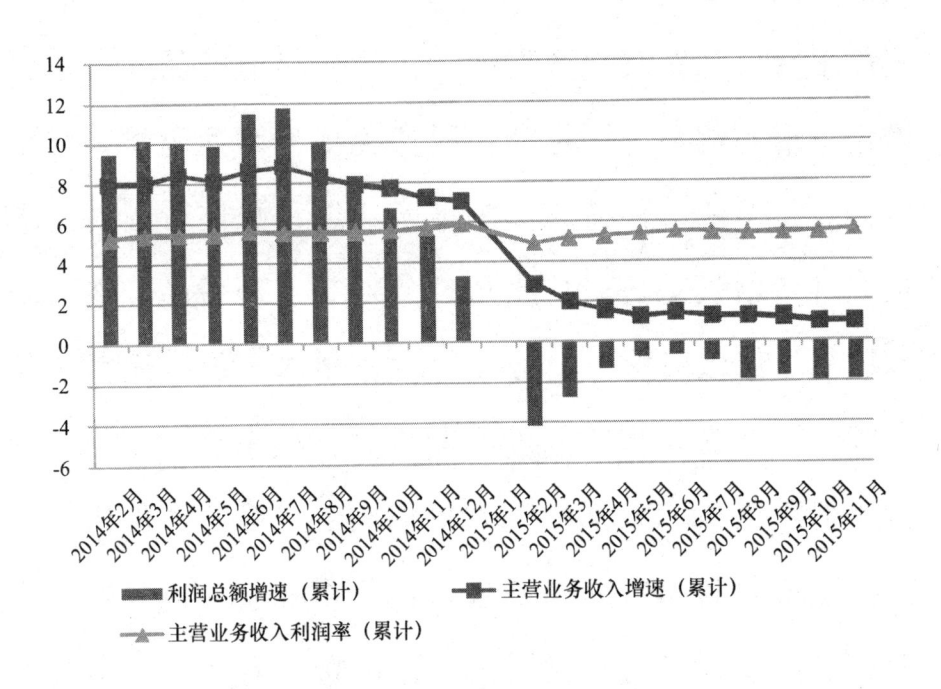

图7 规模以上工业企业利润情况（单位:%）

注：2015年2月数据为2015年1—2月合并发布的工业数据。

资料来源：国家统计局。

到较大程度的改善，国家加快工业的区域布局，西部地区承接中、东部产业的步伐加快，中、东、西部地区工业增加值增速一度出现分化现象。2014年，西部地区工业增加值增速领先中、东部地区2个百分点以上。然而2015年，随着全球市场经济的低迷，国内外需求持续下降，西部地区工业增加值增速逐渐放缓，并一度被中部地区超过。值得注意的是辽宁、吉林和黑龙江三省年均

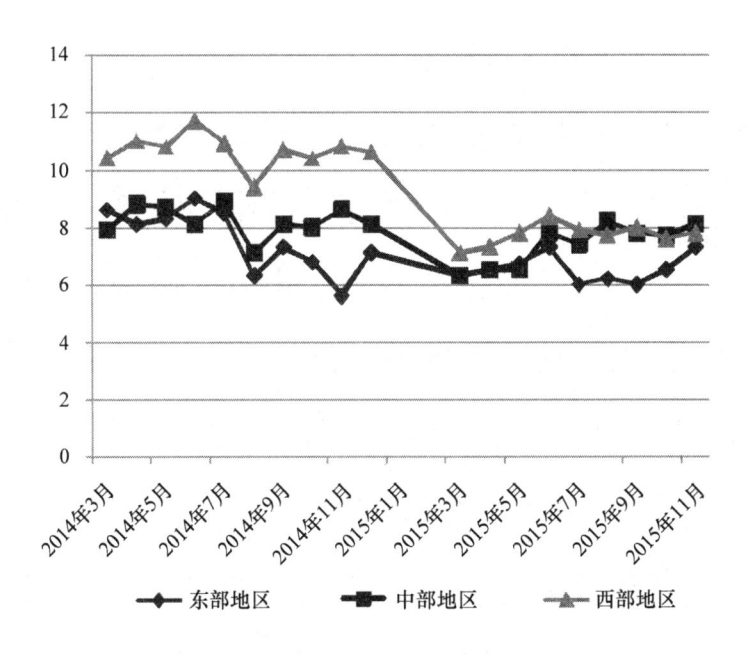

图8 分地区规模以上工业企业工业增加值增速（单位:%）

注：2015年2月数据为2015年1—2月合并发布的工业数据。

资料来源：国家统计局。

工业增加值处在低速增长甚至负增长的严重拖累中，东部地区工业增加值增长。东北三省是我国主要的重化工业聚集区，然而近年来人才流失严重，人口老龄化程度较高。随着西部大开发区域战略的开展，东北地区失去政策优势。长期依赖于重化工业等资本密集型产业，资本投入大，带动力较差，中小企业培育不足，经济活跃度较低等多个因素共同导致东北三省经济发展积重难返。

（二）行业的运行形势

本文的行业划分参照工业与信息化部的划分标准，将工业行业分为三大类：原材料行业，装备工业和消费品工业。原材料行业包括能源、化工、钢铁、有色金属和建材；装备工业包括机械、汽车和民用船舶；消费品工业包括轻工、纺织、食品、医药和电子电器。

1. 原材料工业下行压力较大

（1）能源行业进入深度调整时期。 金融危机以来，随着市场需求的萎缩和能源供需结构的变化，2015年开始，煤炭开采和洗选业与石油和天然气开采业持续深度调整。2015年11月煤炭开采和洗选业与石油和天然气开采业主营业务收入同期累计分别下降14.6和32.7个百分点，下调幅度较 2014 年同期分别提高 8.03、34.03 个百分点。与此同时，利润总额大幅下滑，行业企业盈利能力降低至改革开放以来的新低点，引领工业行业跌幅之最，能源行业进入深度调整时期。相对而言，电力、热力的生产和供应业走势较为平稳。2015 年，电力、热力的生产和供应业主营业务收入（见图 9 右坐标轴）尽管出现负增长，但利润总额仍保持了两位数增长（见图 9 左坐标轴）。

表 1　　煤炭开采和洗选业与石油和天然气开采业经济效益指标　　（单位:%）

月	煤炭开采和洗选业							
	主营业务收入累计同比		利润总额累计同比		产成品存货同比		出口交货值累计同比	
	2014 年	2015 年	2014 年	2015 年	2014 年	2015 年	2014 年	2015 年
2	-11.49	-8.27	-42.45	-62.62	17.95	11.07	18.59	-58.31
3	-8.27	-10.76	-41.18	-61.87	18.07	9.11	46.49	-70.00
4	-5.98	-12.97	-42.00	-61.60	16.04	8.50	18.99	-61.15
5	-6.57	-13.59	-43.92	-66.78	16.17	9.63	-2.66	-49.87
6	-6.73	-13.00	-43.85	-67.00	12.99	9.39	1.06	-48.79
7	-5.44	-13.18	-43.91	-65.97	14.60	7.65	-5.34	-50.76
8	-5.18	-13.88	-46.06	-64.93	18.96	2.33	-27.79	-21.29
9	-5.62	-14.40	-47.06	-64.43	17.91	3.54	-14.91	-3.40
10	-5.97	-14.55	-45.15	-62.12	16.22	3.51	-13.21	-30.78
11	-6.57	-14.60	-44.39	-61.20	13.96	7.80	-35.05	

续表

月	石油和天然气开采业							
	主营业务收入累计同比		利润总额累计同比		产成品存货同比		出口交货值累计同比	
	2014年	2015年	2014年	2015年	2014年	2015年	2014年	2015年
2	2.15	-33.99	-9.92	-74.91	13.43	-0.08	145.40	-3.91
3	0.37	-34.32	-6.31	-71.73	10.00	-0.36	98.37	-10.34
4	0.43	-34.00	-6.66	-71.66	13.28	-1.63	-9.06	-10.48
5	1.12	-33.25	-5.04	-69.51	17.77	-8.46	-5.18	-15.91
6	3.18	-32.40	-2.28	-68.40	4.99	-4.18	-5.78	-21.12
7	3.81	-31.85	-0.03	-66.63	20.23	-9.18	-18.38	-22.32
8	3.74	-31.80	0.40	-67.27	17.10	-8.58	-4.06	-27.45
9	3.31	-32.16	-11.01	-66.13	25.60	-12.08	-1.96	-30.18
10	2.35	-32.54	-11.51	-68.63	10.97	-13.45	2.55	-27.78
11	1.33	-32.70	-13.15	-70.40	7.26	-21.00	14.55	

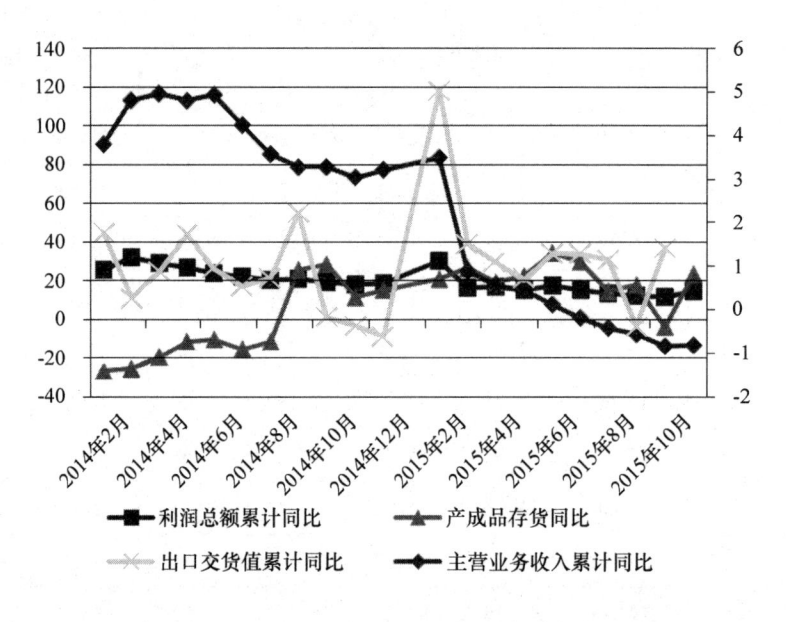

图9 电力、热力生产和供应业经济效益趋势图（单位:%）

资料来源：国家统计局。

(2) **化工行业利润总额逆势增长。**受需求减少影响，石油加工、炼焦及核燃料加工工业，精炼石油产品制造业，化学原料及化学制品制造业，化学纤维制造业，橡胶和塑料制品业等化工行业营业收入增速放缓，其中，石油加工、炼焦及核燃料加工工业出现负增长。2015年11月，石油加工、炼焦及核燃料加工工业，化学原料及化学制品制造业，化学纤维制造业，橡胶和塑料制品业主营业务收入累计同比较2014年分别增长-16.8%、2.6%、1%和4.5%，增幅较2014年同期分别下降17.54、6.55、3.17和4.27个百分点，其中石油加工、炼焦及核燃料加工工业增幅下滑幅度最大。同时，受国际能源价格调整影响，化工行业企业利润出现不同幅度的增长，2015年11月，石油加工、炼焦及核燃料加工工业，化学原料及化学制品制造业，化学纤维制造业，橡胶和塑料制品业利润总额累计同比较2014年分别增长138.8%、8.3%、24.1%和5.4%，增幅较2014年同期分别上升172.97、3.45、9.51和-0.92个百分点，其中石油加工、炼焦及核燃料加工工业增幅最大。然而受国际市场萎靡的影响，化工行业出口交货值大幅下降。2015年10月，石油加工、炼焦及核燃料加工工业，化学原料及化学制品制造业，化学纤维制造业，橡胶和塑料制品业出口交货值累计同比较2014年分别增长-17.04%、-4.79%、-8.68%和-6.34%，增幅较2014年同期分别下降44.36、14.83、13.02和11.46个百分点，其中石油加工、炼焦及核燃料加工工业增幅下滑幅度最大。总体看来，2015年工业行业企业盈利能力较强。

表2　　　　化工行业各经济效益指标累计同比值　　　　（单位:%）

行业	指标	2014年 10月	2014年 11月	2015年 10月	2015年 11月
石油加工、炼焦及核燃料加工业	主营业务收入	2.01	0.74	-17.27	-16.80
	利润总额	-11.15	-34.17	76.07	138.80
	产成品存货	11.11	7.53	-14.31	-13.10
	出口交货值	27.32	25.04	-17.04	
精炼石油产品的制造	主营业务收入	3.41	2.16	-17.75	
	利润总额	6.10	-16.82	84.13	
	产成品存货	13.03	7.05	-18.11	
	出口交货值	28.52	26.04	-18.24	
化学原料及化学制品制造业	主营业务收入	9.84	9.15	2.80	2.60
	利润总额	6.70	4.85	8.62	8.30
	产成品存货	13.06	13.99	0.86	2.40
	出口交货值	10.04	9.86	-4.79	
化学纤维制造业	主营业务收入	4.53	4.17	0.73	1.00
	利润总额	14.43	14.59	30.41	24.10
	产成品存货	-6.46	-8.22	3.02	7.50
	出口交货值	4.34	4.28	-8.68	

续表

行业	指标	2014年 10月	2014年 11月	2015年 10月	2015年 11月
橡胶和塑料制品业	主营业务收入	9.18	8.77	4.87	4.50
	利润总额	7.06	6.32	6.46	5.40
	产成品存货	15.28	15.97	4.70	4.30
	出口交货值	5.12	4.49	-6.34	

资料来源：国家统计局。

（3）**钢铁行业企业效益大幅下滑**。受下游房地产市场和基础建设投资下滑影响，钢铁行业出现营业收入和利润双双下滑态势。2015年11月，黑色金属矿采选业、黑色金属冶炼及压延加工业主营业务收入增长累计同比分别为-20.1%和-12.5%，增长幅度较2014年同期分别下降16.87和12.08个百分点。利润总额下滑更快，2015年11月，黑色金属矿采选业、黑色金属冶炼及压延加工业利润总额增长累计同比分别为-42.4%和-68%，增长幅度较2014年同期分别下降21.04和72.64个百分点。且钢铁行业处在去库存周期，工业企业产成品库存普遍负增长。总体来看，2015年，钢铁行业经济效益较差，钢铁企业经营困难。

表3　　　　　　　钢铁行业各经济效益指标累计同比值　　　　　　（单位:%）

	效益指标	2014年11月	2015年11月
黑色金属矿采选业	主营业务收入	-3.23	-20.10
	利润总额	-21.36	-42.40
	产成品存货	14.74	-9.80
黑色金属冶炼及压延加工业	主营业务收入	-0.42	-12.50
	利润总额	4.64	-68.00
	产成品存货	4.07	-4.70

（4）**有色金属行业增速减缓**。受市场需求下降影响，有色金属行业出现增速减缓趋势，然而受益于能源价格下降的积极影响，有色金属行业主营业务收入下降幅度有限。2015年11月，有色金属冶炼及压延加工业、有色金属矿采选业主营业务收入增长累计同比分别为-1.1%和1.6%，增长幅度较2014年同期分别下降8.5和4.33个百分点。利润总额下滑较快，2015年11月，有色金属冶炼及压延加工业、有色金属矿采选业利润总额增长累计同比分别为-6.9%和-19.8%，增长幅度较2014年同期分别下降16.19和7.51个百分点。总体看来，2015年，尽管有色金属行业增速出现下滑迹象，但工业企业库存调整较为充分，较之其他原材料行业，有色金属行业增长有趋稳态势。

表4　　　　　　有色金属行业各经济效益指标累计同比值　　　　（单位:%）

	效益指标	2014年10月	2014年11月	2015年10月	2015年11月
有色金属冶炼及压延加工业	主营业务收入	9.28	9.60	2.09	1.10
	利润总额	8.75	9.29	-4.78	-6.90
	出口交货值	8.01	7.32	-13.68	
	产成品存货	8.02	5.35	9.39	6.50
有色金属矿采选业	主营业务收入	4.01	2.73	-0.67	-1.60
	利润总额	-12.02	-12.29	-19.74	-19.80
	出口交货值	-9.72	-10.62	1.82	
	产成品存货	0.26	-0.69	6.75	7.30

（5）**建材行业增速缓中趋稳。**受房地产市场低迷影响，建材行业增速放缓，不过依旧处在正值区间。2015年11月，非金属矿物制品业，木材加工及木、竹、藤、棕、草制品业和非金属矿采选业工业主营业务收入增长累计同比分别为3%、6.5%和4.4%，增长幅度较2014年同期分别下降7.42、4.83和3.7个百分点。然而利润总额下滑出现分化，非金属矿物制品业利润总额出现负增长，2015年累计同比增长为-8.8%，较2014年同期下降15.25个百分点；木材加工及木、竹、藤、棕、草制品业和非金属矿采选业利润总额保持增长态势，其中，非金属矿采选业2015年11月利润总额累计同比增长

5.2%，增长幅度较 2014 年同期提高 0.68 个百分点。总体来看，2015 年，建材行业企业经济效益是原材料行业中表现最积极的。

表5　　　　　建材行业各经济效益指标累计同比值　　　　（单位:%）

	效益指标	2014年10月	2014年11月	2015年10月	2015年11月
非金属矿物制品业	主营业务收入	11.30	10.42	3.16	3.00
	利润总额	9.22	6.45	-8.21	-8.80
	产成品存货	14.66	13.14	5.69	6.80
	出口交货值	8.44	7.11	-4.77	
木材加工及木、竹、藤、棕、草制品业	主营业务收入	12.09	11.33	6.72	6.50
	利润总额	7.20	6.28	6.16	4.50
	产成品存货	19.27	19.86	11.16	10.90
	出口交货值	11.66	9.45	-0.11	
非金属矿采选业	主营业务收入	8.42	8.10	4.98	4.40
	利润总额	5.20	4.52	6.10	5.20
	产成品存货	21.82	20.05	10.97	12.30
	出口交货值	-11.76	-11.20	-38.78	

2. 装备工业维持低速增长态势

（1）机械行业增速放缓，经济效益稳中有降。2015年机械行业普遍出现增速放缓极限，但总体而言下降幅度较小，并趋于稳定，部分行业利润出现负增长，承受了一定的经营压力。2015年11月，金属制品业，通用设备制造业，专用设备制造业，铁路、船舶、航空航天和其他运输设备制造业，电气机械及器材制造业，仪器仪表制造业，金属制品、机械和设备修理业主营业务收入累计同比增速分别为4.7%、0.8%、3.3%、5.5%、4.7%、6.4%、14.8%，除金属制品、机械和设备修理业外，普遍较2014年的增长幅度下降一个台阶，处于工业行业主营业务收入平均增速水平。两个行业利润总额出现负增长，即通用设备制造业、专用设备制造业2015年11月利润总额累计同比增速分别为-0.7%、-4%，电气机械及器材制造业和金属制品、机械和设备修理业利润总额保持高速增长态势，金属制品业，铁路、船舶、航空航天和其他运输设备制造业，仪器仪表制造业，出现不同程度的下滑，但依旧保持增长态势。各行业利润总额下滑的主要原因是出口下降。2015年10月，大部分机械行业出口交货值负增长，铁路、船舶、航空航天和其他运输设备制造业，仪器仪表制造业出口交货值增速下滑，仅金属制品、机械和设备修理业出口交货值出现增幅提高的现象。

表6　　　　　　　　建材行业各经济效益指标累计同比值　　　　　（单位:%）

	效益指标	2014年10月	2014年11月	2015年10月	2015年11月
金属制品业	主营业务收入	10.39	9.83	5.11	4.70
	利润总额	10.63	9.89	8.19	6.50
	产成品存货	16.33	14.82	9.70	8.20
	出口交货值	9.72	8.80	-2.66	
通用设备制造业	主营业务收入	9.37	8.74	0.89	0.80
	利润总额	11.00	9.26	0.31	-0.70
	产成品存货	15.13	14.02	4.92	4.50
	出口交货值	2.65	2.23	-4.72	
专用设备制造业	主营业务收入	7.65	7.43	3.37	3.30
	利润总额	0.69	0.55	-3.44	-4.00
	产成品存货	10.64	11.92	7.35	5.40
	出口交货值	10.04	9.92	-2.67	
铁路、船舶、航空航天和其他运输设备制造业	主营业务收入	15.29	14.77	5.51	5.50
	利润总额	34.56	29.31	3.30	4.20
	产成品存货	17.87	19.30	7.65	4.10
	出口交货值	4.07	4.29	3.85	
电气机械及器材制造业	主营业务收入	9.78	9.14	4.86	4.70
	利润总额	16.74	15.15	13.88	14.50
	产成品存货	14.59	12.20	5.51	4.40
	出口交货值	4.98	5.01	-0.82	
仪器仪表制造业	主营业务收入	10.57	10.84	6.92	6.40
	利润总额	8.86	9.11	6.36	4.90
	产成品存货	16.98	16.46	10.24	11.50
	出口交货值	5.06	5.24	4.16	
金属制品、机械和设备修理业	主营业务收入	7.49	5.39	14.00	14.80
	利润总额	23.60	25.07	30.61	29.10
	产成品存货	5.59	32.45	-12.29	-11.90
	出口交货值	12.92	10.62	15.90	

（2）**汽车制造业增速放缓**。2015年以来汽车制造行业工业增加值较去年同期增幅大幅下滑，11月工业增加值累计同比为6.1%，较去年同期增幅下降5.7个百分点。利润总额不断下滑，10月份利润总额累计同比下滑3.13%，而11月份恢复增长势头，累计同比增长0.6%，而去年同期累计增长16.7%，增长幅度大幅下滑。2015年汽车行业工业增加值进入去库存周期，这是汽车行业工业增加值大幅下滑的主要原因。2013—2014年是汽车行业大幅扩张的两年，年均增速在两位数以上，与此同时行业库存不断累积，且延续至2015年上半年，2015年6月库存同比增长高达21%，随着库存压力的增强，2015年下半年，库存开始调整。截至2015年11月，库存同比增速已经下降至4%，去库存效果显著。然而，由于汽车市场趋于饱和，未来汽车增长速度大幅增长的可能性不大。另外，由于汽车行业属于行业带动力较强的行业，汽车行业增长乏力，对于上游的钢铁、玻璃行业有显著抑制作用。

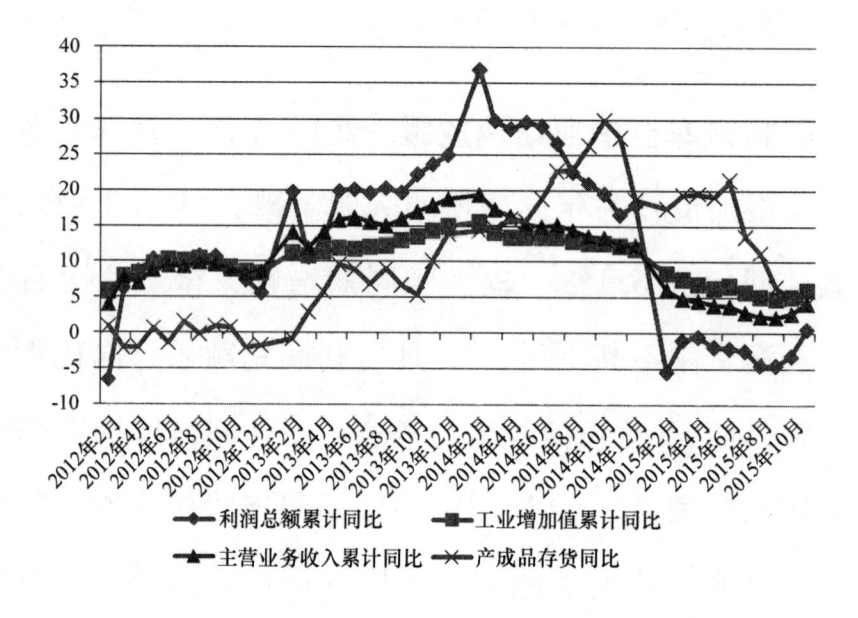

图10　汽车制造业经济效益趋势图（单位：%）

资料来源：国家统计局。

3. 主要消费品工业保持平稳增长

（1）纺织服装业增速小幅放缓。2015年，纺织服装业增速小幅放缓。受国际需求萎靡，出口下滑影响，纺织服装业较去年同期出现小幅下滑迹象，然而国际市场总体影响有限，纺织服装业主营业务收入增长仅放缓2个百分点左右，但利润总额下滑较大，这与该行业销售策略关系较大。随着国际需求增长放缓，纺织服装行业普遍实施"薄利多销"策略，在一定程度上维持销售收入的稳定增长，但利润总额受影响较大。截至2015年11

月,纺织业,纺织服装、服饰业和皮革、毛皮、羽毛及其制品和制鞋业主营业务收入累计同比分别为5.3%、5.9%和6.2%,增幅较2014年同期下降2.27、2.37和3.13个百分点,总体下降幅度有限。就利润总额而言,纺织业继续维持低速增长的微利态势;而在2014年表现积极的纺织服装、服饰业和皮革、毛皮、羽毛及其制品和制鞋业利润总额2015年11月累计同比已分别下降至5%和5.6%,较2014年同期下降8.47和5.80个百分点。总体看来,纺织服装工业维持低速增长态势,对稳定工业行业增长具有支撑作用。

表7　　　　　纺织服装行业经济效益指标累计同比值　　　（单位:%）

	效益指标	2014年10月	2014年11月	2015年10月	2015年11月
纺织业	主营业务收入	7.74	7.57	5.47	5.30
	利润总额	6.82	6.47	6.84	5.90
	产成品存货	8.57	7.53	0.99	2.30
	出口交货值	1.62	1.14	-4.54	
纺织服装、服饰业	主营业务收入	8.58	8.27	5.53	5.90
	利润总额	13.44	13.47	5.64	5.00
	产成品存货	11.61	11.87	5.79	5.70
	出口交货值	3.02	2.91	-0.77	

续表

	效益指标	2014年10月	2014年11月	2015年10月	2015年11月
皮革、毛皮、羽毛及其制品和制鞋业	主营业务收入	9.65	9.33	6.31	6.20
	利润总额	12.18	11.40	5.94	5.60
	产成品存货	20.15	20.12	5.26	4.20
	出口交货值	6.41	5.56	4.10	

（2）**食品行业增速保持稳定增长态势**。2015年，食品行业普遍保持平稳增长态势，部分行业增幅上扬。农副食品加工业，食品制造业，酒、饮料和精制茶制造业，烟草制品业主营业务收入保持正增长，截至2015年11月，四个行业主营业务收入累计同比增长分别为4.0%、6.2%、7.0%和3.6%，处在工业行业平均增速附近；而利润总额增速出现分化，农副食品加工业，酒、饮料和精制茶制造业利润总额累计同比保持高速增长态势，增幅较去年同期大幅提高，食品制造业利润总额增长速度与去年基本持平，而烟草制品业利润总额出现负增长。总体看来，食品行业增长速度不温不火，受经济周期影响有限。

表 8　　　　　　食品行业经济效益指标累计同比值　　　　（单位:%）

	效益指标	2014年10月	2014年11月	2015年10月	2015年11月
农副食品加工业	主营业务收入	7.22	6.99	4.18	4.00
	利润总额	1.71	1.62	12.22	10.10
	产成品存货	17.96	15.72	-1.70	-0.60
	出口交货值	5.24	4.82	-2.08	
食品制造业	主营业务收入	13.09	12.97	6.51	6.20
	利润总额	11.06	10.66	11.72	9.90
	产成品存货	14.94	16.87	8.39	6.40
	出口交货值	4.83	4.94	0.30	
酒、饮料和精制茶制造业	主营业务收入	7.47	6.87	6.96	7.00
	利润总额	-3.19	-3.23	9.90	9.00
	产成品存货	14.89	15.82	8.16	6.50
	出口交货值	6.02	3.88	-9.54	
烟草制品业	主营业务收入	7.22	7.37	3.22	3.60
	利润总额	0.77	0.16	-2.07	-1.00
	产成品存货	36.37	29.36	23.61	32.10
	出口交货值	12.45	9.42	4.39	

（3）**医药制造业保持高速增长**。一般认为，医药制造业是逆经济周期行业，经济越不景气，医药需求越大，而医药制造业增长速度越快。2015年，相对于大部分行

业而言，医药行业各种效益指标表现积极，截至2015年11月，医药制造业主营业务收入、利润总额累计同比分别增长9.0%和13.6%，高于工业行业平均增速；然而，与2014年同期相比，医药制造行业主营业务收入和利润总额增幅依旧出现下滑迹象，降幅分别为3.8和1.6个百分点。总体而言，2015年医药制造业高速增长，成为工业行业增长的支撑力量。

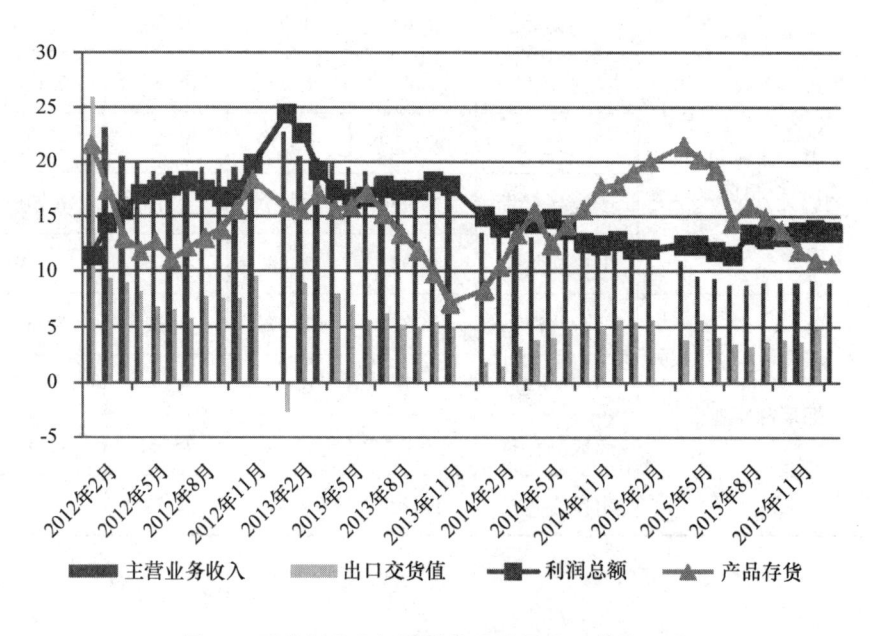

图11 医药制造业经济效益累计同比（单位:%）

（4）**电子电器行业维持低速增长态势**。尽管出口大幅度下滑，但电子电器行业仍普遍保持较高的经济效益，尤其是电子元器件制造业。截至2015年10月底，电子元器件制造业主营业务收入保持7%以上的增长速度，与2014年同期基本持平；电子元件制造业利润总额高达19%，较2014年同期增幅下滑10个百分点，而电子器件制造业利润总额增长20%，较2014年同期增长6个百分点。受市场萎缩影响，家用电子制造业出现调整趋势，家用电力器具制造业和照明器具制造业依旧维持低速增长态势，而非电子家用器具制造业出现负增长。截至2015年10月，家用电力器具制造业、照明器具制造业主营业务收入累计同比增长分别为1.78%和5.68%，较2014年同期分别下降8.11和5.64个百分点，下降幅度较大，不过依旧维持低速增长态势；利润总额累计同比增长10.55%和5.51%，较2014年同期分别下降6.39和10.51个百分点。非电力家用器具制造业盈利能力大幅下滑，截至2015年10月，主营业务收入和利润总额累计同比较2014年分别下降2.06%和11.57%，增长幅度较2014年同期分别下滑11和19个百分点。总体而言，电子电器行业经济效应高于工业行业整体效益水平。

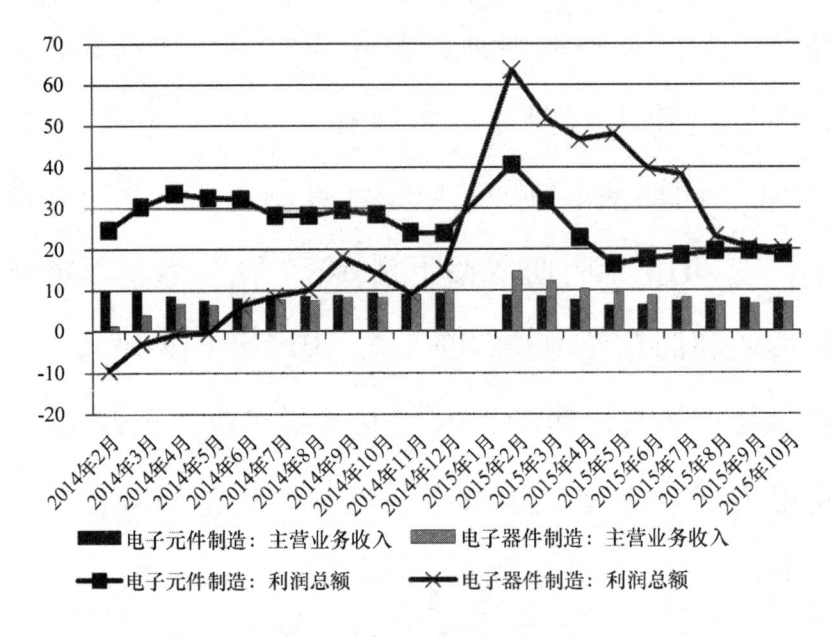

图 12　电子元器件制造业经济效益趋势图（单位:%）

注：2015年2月数据为2015年1—2月合并发布的工业数据。

资料来源：国家统计局。

二　2016年工业经济运行展望

虽然目前中国工业经济的发展正面临着上述如此复杂的环境，并持续处于换挡和调整期，但我们认为，未来工业发展仍然存在着政策效应释放、改革深入推进等有利因素，在这些有利因素的推动下，工业经济发展方式加快转变，新的增长动力正在孕育形成，工业经济长期向好的基本面没有改变。

（一）工业运行面临的机遇

1. 工业结构的不断优化升级为工业发展提供坚实的基础

工业经济的高速增长总是与工业结构的适时调整相伴而生，工业结构转换能力的强弱影响着工业发展的质量和速度。根据国际经验，工业结构的变动往往存在着一定的规律和趋势，即在一国工业化过程中，工业内部结构的变动一般会从轻工业起步，然后逐渐向以基础工业为主的重工业转移，进入以原材料和能源工业为主的发展阶段，而当基础工业发展成熟之后，工业发展的重心又会向加工组装工业转移，在这个过程中，工业品的加工程度和附加值不断提高，而技术也开始取代劳动力和资本等要素，成为影响工业生产力的第一要素。我国经济进入"新常态"以来，虽然工业增速有所减缓，但工业结构却处于不断调整和优化的过程中，推进工业结构的调整和优化升级，是增强工业经济可持续发展能力的重要手段和途径。

目前，我国工业结构正在跨入以加工组装为中心的高加工度化阶段，要素投入结构也逐渐由以劳动密集型和资本密集型为主向以资本和技术密集型为主转变。主要表现在：一是采矿和高能耗等传统行业增速逐渐减缓，而高技术制造业、高端装备制造业、消费品制造业等则明显处于扩张状态，截至2015年11月，我国高新技术产业继续保持高位增长态势，除了通用设备制造业、专用设备制造业及铁路、船舶运输设备制造业的增速低于工业增加值增速外，其他产业的增速均高于工业增加值的增长速度，其中，医药制造业增加值同比增长8.8%，化学纤维制造业增加值同比增长11.1%。汽车制造业同比增长13%，计算机、通信和其他电子设备制造业同比增长11.1%。同时，工业绿色转型趋势也更加突出，随着以绿色环保为主要特征的新兴产业的发展，新能源、新材料、生物医药、低碳环保等新领域在我国快速兴起，我国也不断加强对可再生能源技术、能效技术的研发投入，其中2015年11月，我国新能源汽车生产突破7万辆大关，1—11月，新能源汽车累计生产27.92万辆，同比增长4倍。二是能源、原材料、轻纺等原料和高能耗工业的基本建设固定资产投资比重呈下降趋势，而机械电子工业、高技术制造业的投资比重则不断上升。三是在进出口产品结构中，资源型产品进口明显增加，出口产品中机电和高新技术产品的出口增幅表现显著，先进制造业出口交货值占整体工业出口交货值的比重高达60%以上，"中国制造"正逐渐向"中国质造"转变。这些为今后工业的快速发展提供了坚实的基础。

2. "大众创业、万众创新"战略及《中国制造2015》等政策的实施，成为工业创新的内生动力

目前，中国工业的发展逐渐由要素、投资驱动转变为创新驱动，以往的"赶超型战略"到了今天，能够继续发挥作用的空间越来越小，中国工业必须依赖于创新，才能够在新的平台上获得更长远的发展。在这种背景下，国家提出了"大众创新、万众创业"战略，该战略就是要通过结构性改革、体制机制创新，消除不利于创业、创新发展的各种制度束缚和桎梏，支持各类市场主体不断开办新企业、开发新产品、开拓新市场。

而2015年上半年，我国又出台了第一个针对制造业的十年行动纲领性文件《中国制造2025》，确立了提高我国制造业创新能力、推进信息化和工业化深度融合、加强质量品牌建设、大力推动重点领域突破发展等九大战略任务。其中，在提高制造业创新能力发展战略中，不仅强调了企业技术创新，也强调了企业商业模式创新。技术创新往往表现在某个环节的突破上，而商业模式创新则是先进技术和先进经营放大的综合体，它要求企业始终保持对市场环境变化的敏感度，以获得持续的竞争能力；信息化和工业化的融合是制造业服务化的重要体现，与服务业融合发展是制造业发展到一定阶段的必然选择，在制造业升级以及结构调整的过程中，企业为了整合资源、发挥专长，越来越多地出现了"服务外包"

行为，即仅保留其具有核心竞争力的部门，而将传统上由企业内部在企业生产活动的上、中、下游所进行的一些生产、经营甚至管理服务活动进行外包，这就为生产性服务企业的发展提供了契机，生产性服务业与制造业之间的融合，大大提高了资源利用效率，促进了工业效率的提高；品牌是自主创新能力的结晶，自"十一五"开始，我国就坚持以质取胜的方针，大力实施名牌发展战略，并逐渐形成了一批批竞争力较强的知名品牌，但作为全球具有重要影响的工业大国，我国目前仍然缺少具有国际竞争力的自主品牌，加强质量品牌建设，是进一步提升我国自主创新能力、保护知识产权的有力举措。

可以看出，"大众创新、万众创业"战略和《中国制造业2025》等的核心依旧在于创新。2015年它们对于激发市场活力，引领创业风潮已经起到了十分积极的作用，2016年随着各经济部门以此为核心的若干配套政策措施以及细分领域专项规划的出台和实施，这种作用将会进一步发挥，成为我国工业创新的内生动力，为工业经济增长释放新的活力。

3. 全球颠覆性技术的发展，成为工业创新外部助推力

2014年，麦肯锡整理相关研究资料，加入了经济效益指标进行量化，筛选出了决定未来经济的12项颠覆性技术，主要涉及机器人、3D打印等先进制造技术，云计算、物联网、大数据等信息技术，可再生能源、先进油气勘探等新能源技术，新一代基因组等生物技术及自动驾驶汽车、知识型工作自动化等智能技术。以德国"工业4.0"为主的世界主要国家的再工业化过程，也基本上都以这些颠覆性技术为依托，来提高工业发展的质量和效益。这些新一轮的技术创新浪潮，对世界工业尤其是制造业影响深远，制造业的生产方式、发展模式、产业形态、组织方式等都会发生深刻的变革，朝着智能制造、服务制造、协同制造、网络制造及绿色制造的方向发展。具体来讲，新一代信息技术的发展渗透到制造业价值链的各个环节，这种渗透不仅包含着技术的渗透，也包含模式的改变，推动着制造业产业价值链的重构；物联网的应用使制造业企业能够做到信息实时采集、流程实时监控，大数据的应用又可以使企业及时发现、解决存在的隐形问题，对企业未来事态进行预测，云计算的应用可以预测市场需求和消费者的个性化需求，对目标消费群进行精准定位，不断修正着制造业企业的战略方向，改变着企业的组织和运营模式；而物联网与3D打印相互结合，通过读取信息便可复制物品的新型制造业得以出现，机器人技术发展使生产线自动化、标准化、精细化，进而推动"无人工厂"的出现，这些都为传统制造业的升级带来了无限的契机；先进制造技术稳步发展，这促使制造业信息化和智能化得以有效结合。在这个过程中，可再生能源技术为制造业的绿色发展提供了良好的基础，而3D打印技术在制造产品时，更节约材料，原材料利用率更高，使用材料更环保，可以从另一个角度来引导制造业向着可持续的方向健康发展。目前，我国已经在一些颠覆性技术领域取得突破性进展，而未来随着这些技术的应用广度和深度的不断拓展，其所蕴含的经济潜力会逐渐释放，对工业发展的影响也会越来越深远，成为推动工业创新的外部动力。

4."京津冀一体化""长江经济带""一带一路"等区域协同战略效应逐渐显现，为工业发展创造巨大的需求空间

2015年3月，国家发改委、外交部、商务部联合发布了《推动共建丝绸之路经济带和21世纪海上丝绸之路的愿景与行动》，来推动"一带一路"建设；2015年5月，中共中央政治局会议审议通过《京津冀协同发展规划纲要》；2015年10月十八届五中全会出台的《十三五规划建议》又提出，要以区域发展总体战略为基础，以"一带一路"建设、京津冀协同发展、长江经济带建设为引领，形成沿海沿江沿线经济带为主的纵向横向经济轴带，发挥城市群辐射带动作用，优化发展京津冀、长三角、珠三角三大城市群，形成东北地区、中原地区、长江中游、成渝地区、关中平原等城市群。

　　这些区域协同战略为我国工业经济的发展带来新的需求空间，相应的政策效应也会逐渐显现，从而为下一年工业经济增长提供无限的机遇。主要表现在：一是带动区域的平衡发展。长期以来，国家将经济发展战略重点放在沿海地区，促进东部形成了众多经济热点，使其成为经济发展最为发达，利用资金最为充分的地区，相比之下，中、西部地区尤其是西部地区因为区位原因，对外开放和资金利用率均很低，严重制约了自身的发展，蕴含着潜在的工业需求。而城市群的形成，使产业的集群效应得以发挥，构成以北京、上海等地为增长极来带动周边省份的工业发展格局，有利于优化城市空间布局和产业分工协作，扩大环境容量和生态空间，尤其是"长江经济带"覆盖全国11个省市，将我国东、中、西三大地带连接起来，形成东、中、西互动合作的协调发展带，有力带动了中、西部地区的发展，而"一带一路"沿线所涉及的诸多省份位于我国西部地区，更从根本上改变了西部地区的区位条件，使我国西北、西南地区开放程度逐渐加大，为这些地区发展对外贸易和对外投资提供契机，带动这些区域的跨越式发展。二是带动基础设施建设投资。在区域协同发展战略中，基础设施建设是基础，也是重中之重，基础设施建设为区域间各方面的融通提供便利。《京津冀协同发展规划纲要》还提出未来6年在京津冀一体化建设方面，需要投入42万亿元，其中大部分针对基础设施建设。"一带一路"沿线诸多国家在基础设施方面也有着巨大的需求，这势必会带动我国的基础设施建设投资。同时中国工业在很多基建相关行业中，面临着严重的产能过剩问题，企业之间恶性竞争，造成大量的资源浪费，也带来了一系列的社会问题。"一带一路"战略的推进，为中国过剩产能提供了新的出口，使中国企业在"走出去"的过程中，推动产业转型升级，实现工业竞争力的提升和工业结构的调整。

5. 全面深化改革为工业发展构筑有力的体制保障

2014年是中国全面深化改革元年，2015年则是中国全面深化改革最关键的一年。当前，我国工业正处于转变发展方式"换挡期"、结构调整"阵痛期"、前期政策"消化期"三期叠加的阶段，体制、机制、结构等根源性和长期性问题仍然比较突出，要从根本上解决工业进程中存在的问题，关键是坚定不移地全面深化改革。发挥市场配置资源的决定性作用，是市场经济的一般规律，也是改革的真正目的所在，如此才能充分释放工业发展的活力。这些年来，我国工业的高速发展，既得益于市场化改革，也离不开长期以来财税、金融、投资、土地等政策的支持，更离不开政府的宏观调控，更好地发挥政府的引导作用，会是工业发展的有力保障。政府的战略、规划、政策的引导，强化节约的政策约束，严格实施市场准入标准，有效化解产能过剩等问题，使制造业得以可持续发展。在一系列改革措施中，国有企业改革可以将外资、民营资本引入国有资本，各种类型的资本处于完全竞争的地位，工业国有企业运营效率得以提高；投融资体制改革，则可以优化投资结构，增加有效投资，更好地发挥财政资金撬动功能，创新融资方式，带动更多社会资本参与基础设施建设等各类投资领域；而财税改革，则可以使财税政策更好地服务于工业经济的发展。

可以看出，改革是工业发展的强大动力，目前我国改革正在如火如荼地进行着，而2016年，随着我国改革的不断深化，市场和政府之间可以有效补充和配合，进一步释放改革红利，共同为工业发展创造良好的外部条件，构筑有力的体制保障。

（二）工业运行面临的挑战

展望2016年，我国工业经济仍然面临着较为复杂的局面。这种复杂性会在一定程度上加剧工业结构调整和优化的阵痛，只有采取合理的措施应对，才能使工业发展呈现出积极的变化，结构调整向着宏观调控预期的方向发展。

1. 去库存、去产能任务仍然很艰巨

产能过剩"顽疾"仍存。产能过剩已经成为中国工业转型升级的最主要风险点之一。如图13所示，2015年2月以来，工业企业产品存货量呈上升趋势，库存增速也出现大幅度提高，库存增量的大幅度提高表明当前我国企业仍然面临较大的去库存压力，这势必会导致企业生产的进一步减少，企业生产空间的缩小成为目前导致工业经济增速持续下降的一大原因。而相对于企业层面

的去库存压力，行业结构性产能过剩压力更为明显。如图14所示，2013年11月以来，我国水泥、平板玻璃、粗钢等传统产能过剩行业的增速均呈现不同程度的从增速下滑到负增长态势，且目前仍处于负增长状态，说明我国传统产业仍在去库存、去产能的进程之中。而前期增长较快的技术密集型产业，如汽车等，受市场容量的限制进入了调整期，汽车的产量2014年以来增速也出现了下滑，2015年以来呈现出负增长的态势，10月份刚刚摆脱负增长的状态。传统产业和新兴产业目前的表现都是影响工业增速回调的重要因素。

一方面，产能过剩行业的经济效益持续恶化，潜在金融风险不断积聚；另一方面，产能过剩行业占据了大量优质资源，挤压了其他有利于经济转型的行业的企业生长空间，抑制了全行业生产率的提升。本轮产能过剩"久治不愈"的根本原因在于，引发产能过剩的因素除了因市场关系变化引起的经济周期变动以外，更为关键的是经济体制与发展方式的原因。化解当前产能过剩任重道远，而关键在于加快体制改革与发展方式转变。

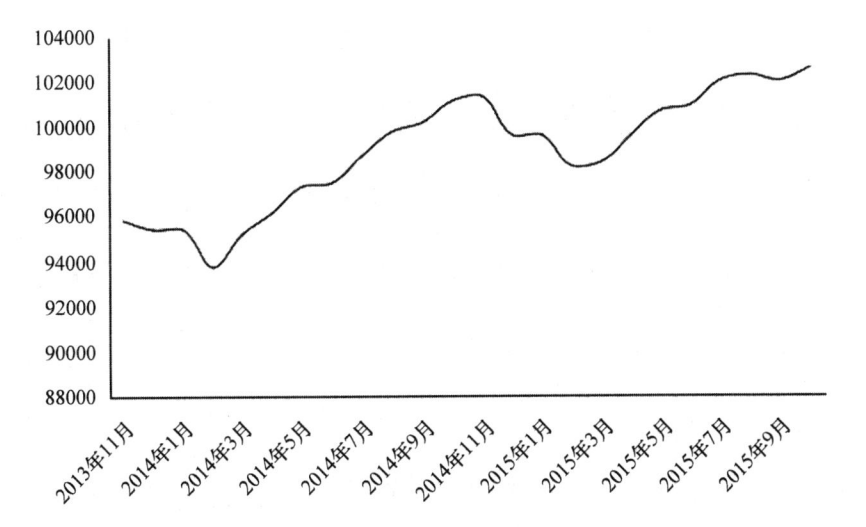

图 13　2013 年 11 月至 2015 年 11 月工业企业产品存货（单位：亿元）

注：由于 1 月份数据缺失，为保障连贯性，将每年 1 月份数据与上一年 12 月份数据等同。

数据来源：国家统计局。

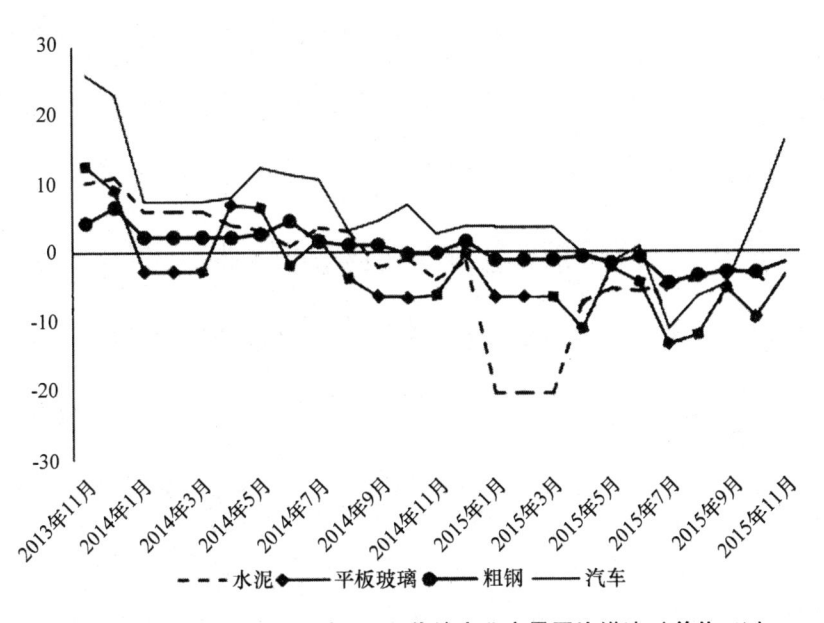

图 14　2014 年 11 月至 2015 年 11 月传统产业产量同比增速（单位:%）

注：由于 1、2 月份数据缺失，为保障连贯性，将每年 1、2 月份数据与上年 12 月份数据等同。

数据来源：国家统计局。

之前在房地产业和重化工业快速发展的需求下，许多传统行业过度无序扩张，造成了产能过剩风险的不断累积，日益凸显的供需矛盾严重影响了传统产业产品价格的形成，并可能引发通缩、失业、经济动力不足等一系列风险。2015年工业品价格继续深幅下跌，其中，上游、中游工业品（生产资料）价格的下行压力明显大于下游（生活资料）。造成生产资料工业品上升动力不足的原因主要包括以下几个方面：（1）全球金融危机和欧洲债务危机冲击之后，全球主要经济体需求下滑，导致以铜、铝等为代表的国际大宗商品价格呈持续下降之势。（2）全球地缘政治关系紧张、国际能源供需结构变化导致近期国际原油价格大跌，并进一步带动其他大宗商品价格下跌；美联储加息周期预期的增强，推动美元强势升值，加剧了以美元计价的大宗商品价格下跌。（3）国内总需求增长率下降，尤其是投资需求下降，减少了对投资品的需求。（4）国内部分行为业出现了产能过剩，企业去库存周期下，去库存化的压力迫使它们顺应需求形势的变化而采取降价策略。上述因素互相叠加共同推动工业品价格下行，且这些影响可能在未来较长一段时间内持续。

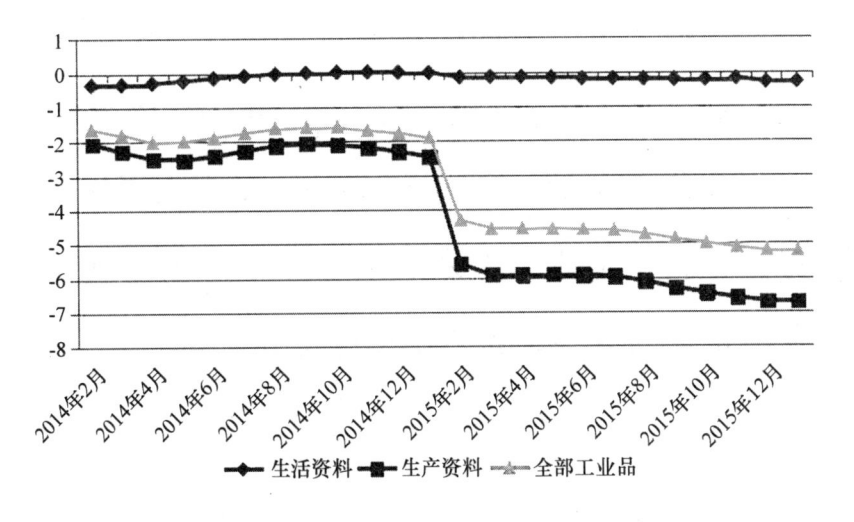

图15 工业品PPI累计同比（单位:%）

资料来源：国家统计局。

2. 国内投资惯性下滑风险尚未消除

我国经济进入"新常态"以来，投资拉动的效果不断减弱，一改长期以来利用大量投资维持高增长的态势。"投资出口占比太大，消费占比太小"的时代正在远去。主要表现为近年来几次启动刺激的时效越来越短，投资报酬递减规律越来越明显，房地产等传统产业的投资相对饱和，基础设施互联互通和新业态、新商业模式的出现给投融资方式和体制的创新提出了更高的要求。在这样的背景之下，投资结构正在逐步改善，装备制造业投资增速和高技术制造业投资增速有所提高，而高能耗制造业投资增速回落，但国内投资总量惯性下滑的风险尚未消除。据中国人民银行统计，2015年前3个季度企业家信心指数分别为67、64.9和63.6，呈现出了逐季回落的态势，这表明企业对未来的预期并不是很乐观，而伴随企业对未来的信心走弱，投资也持续乏力。

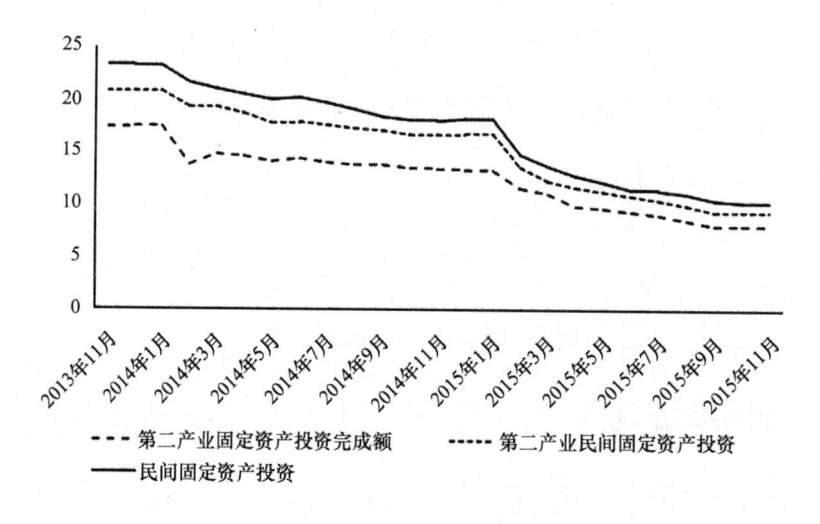

图16　2013年11月至2015年11月固定资产投资累计增速（单位:%）

注：由于1月份数据缺失，为保障连贯性，将每年1月份数据与上一年12月份数据等同。

数据来源：国家统计局。

图16显示，2013年11月以来，第二产业固定资产投资增速呈现出阶梯状下行的态势，2013年11月为17.3%，2015年11月为8%左右。同时，民间资本热情也有所回落，民间固定资产投资、第二产业民间固定资产投资累计

增速也呈现出阶梯状下滑的态势，2013年11月民间固定资产投资累计增长14.7%，第二产业民间固定资产投资累计增长13.5%，2015年11月民间固定资产投资累计增长10.2%，第二产业民间固定资产投资累计增长9.4%。可以看出，当前我国投资总量惯性下滑的风险还很大。

从目前来看，房地产投资对工业经济的影响仍然存在，自2014年以来，房地产投资增速一直呈现下降趋势，从2014年2月的19.3%下降到2015年11月的1.3%，在2016年，房地产投资增速仍有进一步下行的压力。

地方债务风险仍然很大。在经济减速过程中，受经济基本面的影响，财政收入的增速会下降，同时支出往往也会适度扩大，这就导致赤字规模和债务规模扩大。而地方政府为了保持地区经济和社会发展目标，加快基础设施建设，也会通过各种融资平台进行债务融资，开始了通过政府举债投资来拉动经济增长的新模式，而在政府不再兜底的背景之下，融资平台等企事业单位会把一些债务重新划转为政府负有偿还责任债务，地方政府负有偿还责任的债务也会因此大增，2013年年末的全国债务审计结果显示，2015年将有1.9万亿元地方政府负有偿还责任的债务到期。地方过高的债务率，不仅使地方政府还债压力巨大，而且很容易发生地方政府债务危机。同时，由于地区经济增速的不同，各个省份债务负担差异也很大，局部债务危机的可能性存在。过高的地方政府债务限制了地方政府的进一步融资，进而限制了基础设施建设投资的持续增长，影响工业经济增长。

3. 企业活力不足、创新能力依然不高，工业发展的比较优势断档的风险并没有完全解除

投资增速的放缓和效率的下降、人口红利的消失，要求我国"新常态"经济扬弃旧的发展模式，寻找新的增长源泉，实施创新驱动战略。

近年来，我国 R&D 经费投入强度（即 R&D 经费支出占 GDP 的比重）明显提高，2013 年 R&D 经费支出 11846.6 亿元，占 GDP 的 2.08%，高技术产品出口额也呈现逐年上涨的态势，这是我国实施创新驱动战略的重要成果。然而，与大量的研发投入相比，具有自主知识产权的全球领先重大科技成果却不多见，特别是成果的产业化运作更是存在明显不足。科研经费监管、后期效果评估等环节缺失、政策引导或支持不足、企业自主品牌少、对外技术依存度高等问题在许多行业存在，并成为企业自主创新能力提升的"绊脚石"。据有关资料统计，发达国家的企业80%建有研发中心，而2013年，我国规模以上工业企业办R&D机构数为51625个，有R&D活动企业占总企业数量的14.8%。根据国际惯例，企业要生存，其研究开发费用必须占到企业销售收入的1%左右，而要保持领先优势，研究开发费用必须达到销售收入的5%以上，但2013年我国规模以上工业企业研究开发经费仅占企业主营业务收入的0.8%。另外，我国拥有自主知识产权核心技术的工业企业，大约仅占万分之三，大部分工业企业没有申请专利。技术研发上的落后，在很大程度上制约了我国工业自主创新能力的提高，并使制造业的发展陷入困境，目前，我国大部分"中国制造"仍然主要停留在中低端制造领域。创新能力的不足使很多企业经营困难，传统产业主要依靠低成本来赚取利润，而新兴产业则面临核心技术缺失的瓶颈，特别是IT、汽车两大重点产业，其相对较短的产业历史和贫乏的技术积累使其缺乏自主创新力的局面仍未得到明显改善。在制造业的一些关键环节，我国仍主要依赖进口，对引进的技术进行消化变为自有技术而进行二次创新的意愿和能力也并不强，这无疑会加重我国对国外技术的依赖程度，也是我国工业快速实现由大变强的"软肋"。

中小企业活力不足。与大型企业相比,中小企业资本转换空间窄、应对危机能力差,在工业经济普遍下行的过程中,受影响最深,且不易恢复。从中国制造业采购经理人指数(PMI)来看,在2015年工业经济增速趋缓的状态下,大型企业的制造业采购经理人指数一直维持在荣枯线上下,9月以来有上调趋势;中小型企业,尤其是小型企业则出现大幅下滑迹象,12月一度回落至44.9;而中型企业则在年末出现恢复迹象(见图17)。随着大规模定制时代的到来,中小型企业的市场战略地位日益增强,改善中小企业生存环境,尤其是改善中小企业在经济下行周期中因资金链断裂造成的融资难、融资贵等非经营性问题迫在眉睫。

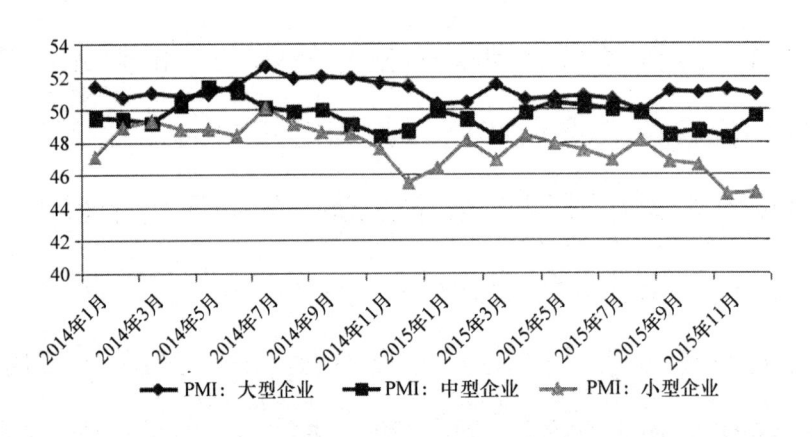

图17 大、中、小型企业制造业PMI(单位:%)

资料来源:国家统计局。

长期以来，我国工业企业的竞争优势主要体现为建立低级生产要素基础上的低成本优势。然而，随着人口红利的消失、国内要素成本的上升、资源环境压力的加大及经济规模的扩张，这种低成本优势正在逐渐丧失，以这种低成本为主要竞争力所得的贸易红利基本消失。与此同时，建立在高级生产要素基础上的新优势短期之内却难以建立起来，这样就容易形成竞争优势断档，具体表现为工业品出口萎缩、经济增长速度下滑、企业国际竞争力下降等。相比之下，一些新兴经济体，如东南亚和非洲的诸多国家，它们的劳动力成本比我们低很多，劳动力比较优势已基本上市，大有替代我国传统优势之势。同时，随着新一轮的全球科技革命的兴起，先进制造、信息技术、生物技术、能源技术等得到迅速发展和广泛应用，发达国家利用这些技术，进一步挖掘市场潜力，意在实现"制造业回流"及"再工业化"。发达国家"制造回流"及"再工业化"发展战略，使其将制造业尤其是高端制造业向海外转移的速度放缓，而中国的高技术产业发展更加依赖于国际市场，随着我国经济发展的追赶效应下降、与国际前沿技术的接近，从发达国家获得技术越来越困难，自主创新能力变得越来越重要，与日本、美国等发达国家相比，虽然他们的人力成本是我们的几倍，但考虑到融资成本、物流成本和税收成本，再考虑到技术上的差距，我们的优势也在逐渐消失。

4. 全球经济持续复苏仍然面临巨大挑战

2008年以来，各国为了摆脱金融危机所带来的持续影响，纷纷采取各种刺激政策。由于各国经济恢复不均衡，其在财政和货币政策上存在着明显的差异，全球宏观经济政策协调陷入僵局。世界主要经济体的经济状况也因此持续分化。2015年，美国经济实现了稳定复苏，并呈现小幅增长的态势。欧洲经济在走出欧债危机的过程中，正在逐步企稳复苏。在欧盟委员会最新发布的2015年秋季预测中，2015年和2016年其经济增长速度分别为1.9%和2%，高于2014年的1.4%。同时，新兴经济体内出现明显分化，印度经济得以保持稳定增长，而俄罗斯和巴西则仍呈负增长态势。总体来说，2015年全球经济保持了温和复苏的状态，国际经济形势有些许改善，但这种改善的程度是有限的，全球经济增长仍然呈现出恢复过慢、复苏脆弱且不平衡的特征。美元升值和国际油价的持续走低，又给全球金融市场和世界经济复苏不断增加不确定性，全球贸易保护加剧、汇率波动扩大、局部经济震荡及地缘政治局势问题层出不穷，世界经济格局持续演变，这给我国的对外贸易带来了巨大的风险和冲击，制约了我国外部需求的增长。同时，"一带一路"战略沿线涵盖西亚和东欧等诸多敏感地带，地缘政治局势恶化给我国在"一带一路"大背景下的海外投资带来了冲击，会在一定程度上影响本应由"一带一路"战略所带动的工业增速。

（三）工业增速趋势预测

为了将工业增长的长期趋势因素与周期（和不规则）因素进行分离，获得对不可观测的潜在因素的估计，对于单一时间序列的原始数据，或运用滑动平均方法，或运用频域估计方法。其中，滤波方法有其独特的优点，即简单直观，并很容易实施，也可以避免生产函数法所带来的经济转型时期生产函数是否稳定的问题及多变量结构化分解法所带来的中国通常形式的菲利普斯曲线是否存在的问题。因此本部分对工业增速趋势预测便采用HP 和 BP 滤波方法。

1. HP 滤波分离工业增长趋势成分和波动成分

HP 滤波消除趋势法可以将经济运行看作潜在增长和

短期波动的某种组合,运用计量技术将实际产出序列分解为趋势成分和周期成分。其中,趋势成分便是潜在产出,周期成分为产出缺口或波动。对于工业运行增速来讲,其时间序列 y_t 由工业运行趋势部分 g_t 和工业运行波动部分 c_t 构成,即

$$y_t = g_t + c_t \qquad t = 1, \cdots, T \qquad (1)$$

Hodrick 和 Prescott[①] 利用对数的数据滑动平均方法原理,设计了 HP 滤波器。该滤波器可以从时间序列 y_t 中得到一个平滑的序列 g_t,即趋势部分,且 g_t 是下述问题的解,即

$$\text{Min} \left\{ \sum_{t=1}^{T} (y_t - g_t)^2 + \lambda \sum_{t=1}^{T} [(g_t - g_{t-1})(g_t - g_{t-2})] \right\} \qquad (2)$$

其中,$\sum_{t=1}^{T}(y_t - g_t)^2$ 是波动部分,$\sum_{t=1}^{T}[(g_t - g_{t-1})(g_t - g_{t-2})]$ 是趋势部分,λ 是平滑参数,用于调节两部分的比重,其值为正。平滑参数 λ 的选取是 HP 滤波法最重要的

---

① Hodrick, R. J., and Prescott, E. C. (1980). Post-war U. S. Business Cycles: An Empirical Investigation. *Discussion Paper* 451, Carnegie-Mellon University, 1980. Hodrick, R. J., and Prescott, E. C. (1997). Post-war U. S. Business Cycles: An Empirical Investigation. *Journal of Money, Credit and Banking*, 29 (1), 1-16.

问题。不同的平滑参数值即不同的滤波器，并由此决定了不同的波动方式和平滑度，根据 Hodrick 和 Prescott[1]，在处理年度数据时，其取值为 100，当处理季度数据时，其取值为 1600，在处理月度数据时，期取值为 14400；根据 Ravn 和 Uhlig[2]，平滑参数值应该是观测数据频率的 4 次方，即年度数据应取 6.25，季度数据应取 1600，月度数据应取 129600。本文使用的数据是 2010 年 1 月到 2015 年 9 月的工业增加值增长率，数据来源于国家统计局网站。需要说明的是，国家统计局网站所缺失的每年 1 月份工业增加值增长率数据，本文利用点处线性插值法进行补充。选取以上两种滤波器，即 $\lambda = 14400$ 和 $\lambda = 129600$。

在对数据进行季节性调整之后，应用平滑参数 $\lambda = 14400$ 和 $\lambda = 129600$ 两种 HP 滤波器（以下简称滤波器 1

---

[1] Hodrick, R. J., and Prescott, E. C. (1980). Post-war U. S. Business Clycles: An Empirical Investigation. *Discussion Paper* 451, Carnegie-Mellon University, 1980. Hodrick, R. J., and Prescott, E. C. (1997). Post-war U. S. Business Cycles: An Empirical Investigation. *Journal of Money, Credit and Banking*, 29 (1), 1–16.

[2] Ravn, M. and Uhlig, H. (2002). On Adjusting the Hodrick-Prescott Filter for the Frequency of Observations. *The Review of Economics and Statistics*, 84 (2), 371–376.

和滤波器 2）对我国工业增加值增长率的自然对数进行滤波，得到其中的趋势成分和波动成分，如图 18 所示。

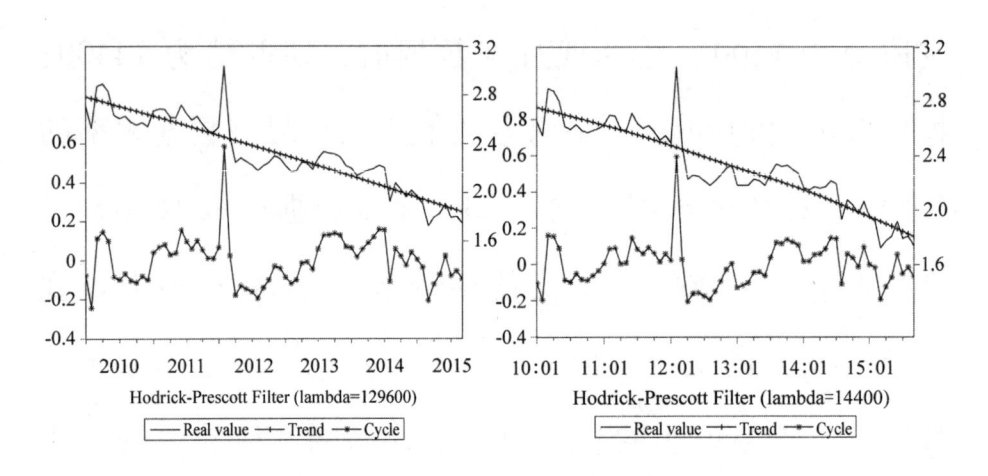

图 18　不同滤波器下的滤波结果

资料来源：Eviews 6.0 输出结果。

由图 18 可以看出，两个滤波器所得到的趋势序列和波动序列并无显著差异，且两趋势序列无差异和两波动序列无差异都通过了 95% 置信水平的 t 检验。从趋势序列的走势可以直观地看出，2010 年以来，我国工业运行的潜在增长率一直呈下降的趋势。

2. BP 滤波建立工业增长时间趋势模型和周期波动模型

建立工业增长时间趋势序列与时间 t 的趋势多项式函数如下：

$$\widehat{speed} = a_0 + a_1t + a_2t^2 + a_3t^3 + \cdots + a_nt^n$$

$$n = 1,2,3,\cdots \qquad (3)$$

将2010年1月设为$t=1$，将t与工业增长率带入以上函数得到工业增长时间趋势函数如下：

$$\widehat{speed} = 15.72898 - 0.143076t \qquad (4)$$

工业增长率在时间上存在一种惯性，时间的一阶分量对工业增速的影响显著，可以认为2010年以来我国工业运行的潜在增长趋势几近于直线下降的状态，这与现实数据所反映的情况相似。可以初步判断，目前我国工业经济仍然处于"下行"通道，工业经济回暖的压力巨大。

决定近似理想BP滤波优劣的关键是选取合适的截断点N。如果N值过大，那么序列两端的数据就会有大量的缺失，如果N值过小，就会过多地剔除本应保留的成分。根据不出现频谱泄露和摆动的原则，选择最低周期为3，最高周期为8，截断点为3。结合我国工业运行增速可以得到频率响应函数图，如图19所示。

一次完整的周期波动可以从一个波峰到另一个波峰。可以看出，我国工业经济增长率存在明显的周期波动，且连续负波动比连续正波动持续的时间要长，在2011年和 2012 年交替年阶段波动幅度最大。

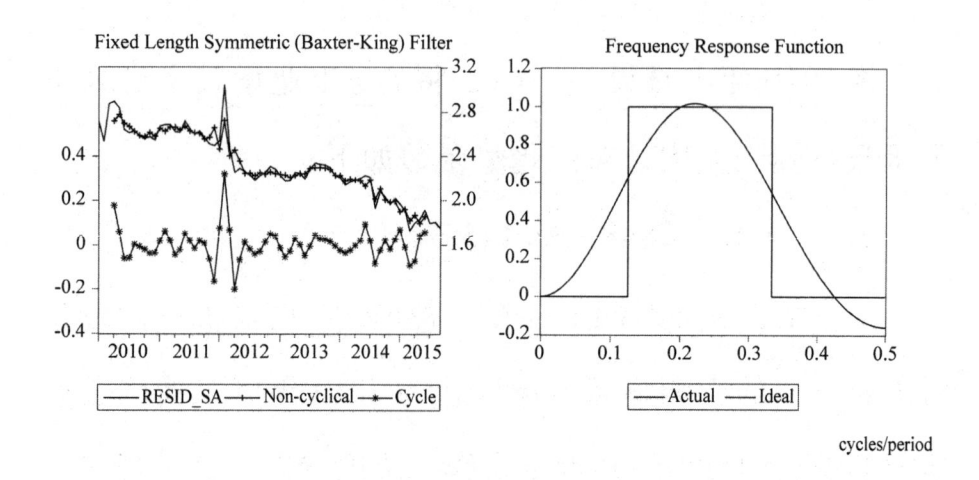

图 19　BP 滤波的频率响应函数

资料来源：Eviews 输出结果。

用工业增长率实际值减去趋势值得到波动序列值，其满足 BP 滤波的一般表达式如下，通过此表达式的求解可得波动序列的主要特性（每个频率的波谱）。

$$X_t = A_0 + 2\sum_m [A_m \cos(2\pi mt/N) + B_m \sin(2\pi mt/N)] \quad (5)$$

其中，N 表示样本容量，频率被定义为样本容量的倒数，当 $N = 2n$ 时，$m = 1, 2, \cdots, n$，当 $N = 2n - 1$ 时，$m = 1, 2, \cdots, n - 1$。由此可得到 A_m 和 B_m 的具体计算式并将频

谱定义为 $N(A_m^2 + B_m^2)$。结合 Matlab 软件运算得到表9。

表9　　　　　　　　　　　　功率谱计算表

频率	周期	功率谱	频率	周期	功率谱	频率	周期	功率谱
1/69	69	0.71654	13/69	5.31	4.12487	25/69	2.76	0.74556
2/69	34.5	10.99109	14/69	4.93	0.32984	26/69	2.65	1.01246
3/69	23	8.01620	15/69	4.6	4.02253	27/69	2.56	2.47309
4/69	17.25	1.80699	16/69	4.31	4.10369	28/69	2.46	1.10914
5/69	13.8	0.26602	17/69	4.06	0.56764	29/69	2.38	1.54715
6/69	11.5	3.93763	18/69	3.83	2.87043	30/69	2.3	1.06238
7/69	9.86	7.93575	19/69	3.63	4.98342	31/69	2.23	1.05390
8/69	8.63	0.67624	20/69	3.45	0.47495	32/69	2.16	0.35973
9/69	7.67	2.84255	21/69	3.29	0.65113	33/69	2.09	2.48649
10/69	6.9	6.85690	22/69	3.14	1.30522	34/69	2.03	1.11269
11/69	6.27	0.11383	23/69	3	0.92252			
12/69	5.75	4.27864	24/69	2.88	2.73819			

数据来源：利用 Matlab 软件计算而得。

功率谱较高值所对应的频率是确定波动成分主要周期分量的重要标志，表9的结果显示，在周期为34.5、23、

9.86、6.9、5.75 及 3.63 时，波动序列的谱密度有相对较大的振幅，功率谱出现了比较明显的高峰值。因此，可以认为波动成分是由这 6 个周期分量叠加而成的，根据波动序列所呈现的正弦和余弦形式，我们采用傅立叶函数来对波动序列进行拟合，并由所得到的主要周期分量，将函数形式设定为：

$$c_t = c + \sum_{i=1}^{6} a_i \cos(\frac{2\pi}{T_i}t) + \sum_{i=1}^{6} b_i \sin(\frac{2\pi}{T_i}t) \tag{6}$$

其中 T_i 是所选择出来的 6 个周期分量。我们利用 Matlab 软件的 cftool 工具箱对原波动序列进行 Fourier 函数拟合，得到各系数为（95% 置信水平下）：

$$\begin{cases} c = 0.02054 \\ a(1,6) = (-0.7201, -0.1654, -0.1821, \\ \qquad\qquad -0.0863, 0.3493, -0.1973) \\ b(1,6) = (-0.3953, 0.2207, 0.6633, 0.3568, \\ \qquad\qquad -0.2246, -0.5333) \\ w(1,6) = \dfrac{2\pi}{T(1,6)} = (0.1820, 0.2731, 0.6369, \\ \qquad\qquad 0.9101, 1.0922, 1.7300) \end{cases} \tag{7}$$

拟合出的函数趋势图如下所示：

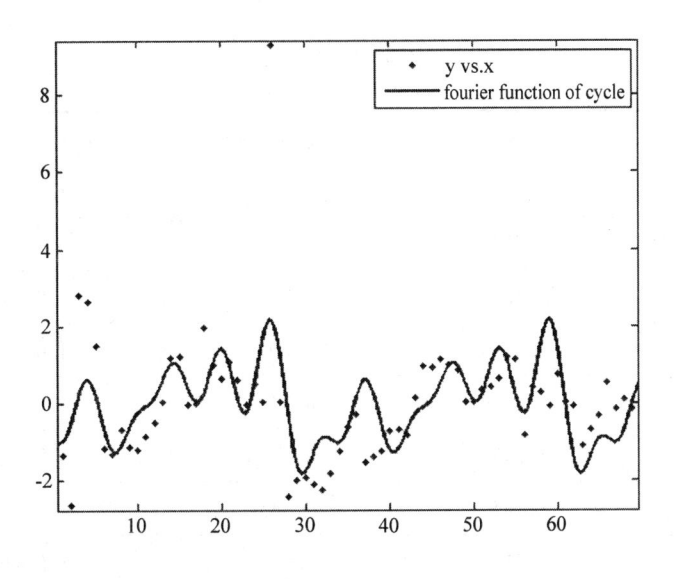

图 20　波动序列的拟合函数

资料来源：Matlab cftool 工具栏输出结果。

将图 19 与图 20 中 cycle 曲线相对比，可以看出，拟合函数与波动序列的变动趋势基本一致，模型的相关系数 $R^2 = 0.4$，且拟合函数所对应的数值通过显著性检验，说明 BP 滤波的 Fourier 模型适用于该波动序列的拟合预测。

3. 我国工业运行趋势

结合以上时间趋势模型和周期波动模型，来预测我国 2016 年工业运行同比增速，如表 10 所示。

表10　　　　　　　　　工业同比增速预测值

时间	趋势增速预测值	周期波动预测值	工业同比增速预测值
2015年10月	5.7137	0.2719	5.9856
2015年11月	5.5706	0.0847	5.6553
2015年12月	5.4275	0.2274	5.6549
2016年1月	5.2844	-0.6011	4.6833
2016年2月	5.1414	-0.5497	4.5917
2016年3月	4.9983	-0.1784	4.8199
2016年4月	4.8552	-0.3452	4.5100
2016年5月	4.7121	0.8820	5.5941
2016年6月	4.5691	0.4475	5.0166
2016年7月	4.4260	0.2501	4.6761
2016年8月	4.2829	0.8805	5.1634
2016年9月	4.1398	1.9464	6.0862
2016年10月	3.9967	2.1402	6.1369
2016年11月	3.8537	1.1741	5.0278
2016年12月	3.7106	1.2172	4.9278

数据来源：根据所建模型测算。

如表10所示，受趋势性因素和周期性因素影响，短期内我国工业经济增长还会延续低位徘徊状态，并在较长的时间内处于再平衡的阵痛中，难以真正回升，下行压力仍然很大。具体来说，中国工业仍处于增速换挡过程之中，"稳中求进"还会是短期内工业经济运行的主旋律，工业增速维持中高速增长，在潜在工业增速附近波动，"底线思维"仍然适用，工业结构调整加快推进，工业经济增长动力机制不断呈现多元化的趋势。虽然工业增速短期波动较大，但我们要正确看待中国工业的增速换挡。一方面，我国经济正处于从"旧常态"向"新常态"过渡的时期，国内外发展条件、经济运行系统的内在平衡、改革的不断深化等因素都会影响工业经济的增长。考虑到中国经济由工业主导向服务业主导转变的趋势，服务增速加快、工业增速放缓是大势所趋，又考虑到中国经济由出口、投资拉动向消费拉动，要素驱动向创新驱动的转变，2015年以来，工业生产结构持续优化，采矿和高耗能等传统行业增速减缓，装备制造业增速在波折中上升，高技术产业持续保持较快增长，由结构调整所带来的工业增速放缓也不足为奇。另一方面，波动成分的存在也预示着我国有能力通过一系列措施去把握工业增长的合理区间。而目前，由于国内外大量不确定性因素的存在、经济结构失衡造成需求无法充分释放、全面深化改革将加速推进、系统性风险基本可控、失业率尚在可承受范围之内，因此国家也可以适当调低工业经济增速目标。工业合理增速是以经济系统的稳定为底线的，在经济转型时期，可以容忍工业增速的合理下行，但前提是不能带来金融危机、财政危机等系统性风险，也不应该带来严重社会问题，例如失业、社会不稳定等，从这些角度来看，我国工业增速的暂时下行尚在合理区间。

三　政策建议

综合判断，2016年我国工业经济形势仍然复杂严峻，运行中诸多矛盾叠加、风险隐患增多，下行压力仍然较大，但同时工业发展也处于可以大有作为的重要战略机遇期。2016年是"十三五"的开局之年，不仅需要保持工业经济发展的平稳，也要着力促进改革和转型，这需要我们准确把握战略机遇期内涵的深刻变化，采取有效措施来应对各种风险和挑战，将长期政策和短期政策结合起来，宏观政策与微观政策结合起来，供给管理与需求管理结合起来，为工业经济的健康发展奠定基础。

1. 实施创新驱动战略，培养工业发展的内生动力

实施创新驱动发展战略，就是要推动以制度创新和科技创新为主的全面创新。离开创新，我国很难实现经济结构的调整和发展方式的转变，也很难解决好发展中不平衡、不协调以及不可持续等问题，创新不仅是工业经济发展的内生动力，也是工业实现产业结构优化和转型升级的必由之路。"大众创新、万众创业"战略着眼于国内，通过挖掘和发挥企业和个人的创造性和主动性，推动我国向创新型国家迈进，是在当代以互联网、大数据发展为代表的科技大发展条件下，以及在制度变革和政策创新作用下，我国社会生产率的又一次解放。在新的一年里，我国应当仍以"大众创新、万众创业"为依托，使其作用得到进一步发挥，并按照《中国制造业2025》所规定的发展方向，为工业经济增长释放新的活力。

一是要积极推进制度创新。随着社会主义市场经济体制改革的深入，我国政府职能不断完善，但总体来说，我国政府职能转变还相对滞后于经济体制改革。为了实现工业经济发展方式的转变，一方面我国需要不断重塑政府职能，打造服务型政府，不断完善市场机制，为各类市场主体营造公平开放透明的竞争环境，以竞争政策来引导和激励创新，提高资源的配置效率；另一方面要简政放权，减少不必要的行政审批行为，增强工业经济主体的活力和创造力。同时，2015年是改革的顶层设计之年，一系列配套改革方案出台，都将会在下一年落地，因此要加快财税、价格、企业等制度改革的推进步伐，并将体制机制改革推进情况作为地方政府绩效考核的核心因素，鼓励地方政府开拓创新、推进改革，使改革落到实处，为工业企业运行提供相应的制度保障。

二是要把握新一轮科技革命的机遇，着实推进技术创新。在全球掀起"以技术创新带动再工业化"浪潮之际，我国只有充分发挥科技创新在提高社会生产力上的优势，持续增强自主创新能力，才能不断提升发展的质量和效益，抓住这次全球经济结构调整的新机遇，做强我国工业发展。一方面，要加大对新技术、新产品研发的支持力度，加快推进新技术转化为现实生产力，积极培养新模式、新业态和新产品，同时瞄准国际先进水平，健全新技术标准体系，加强新技术产品的品牌建设和知识产权保护；另一方面，要加强企业自主创新的观念，鼓励企业开展人才交流和国际培训，加快形成自主创新的倒逼机制，建立有利于企业自主创新的激励机制，同时，要高度重视发挥中小企业的创新能力。另外，在新技术的推广和应用过程中，还要充分考虑新技术发展的需求，避免基础设施成为瓶颈，如高速互联网建设要能够满足信息技术日新月异的发展对于速度和可靠性的要求。

2. 扩大内需，激发消费对工业经济增长的拉动作用

2015年以来，通过投资和净出口来带动经济增长的措施的实施受到了很大的阻力，虽然我国消费品市场一直稳中有升，但仍然无法担负起带动工业增长的重任。为了使工业增长由投资、出口驱动向消费、创新驱动转变，克服外需往往受到许多突发性因素影响的弊端，2016年我国要进一步提振消费，扩大内需，使消费拉动工业经济增长的作用更加明显。

一是要积极扩大和升级消费。2014年10月，国务院部署推进消费扩大和升级，圈定六大领域消费，其中包括扩大移动互联网、物联网等信息消费，促进绿色消费，稳定住房消费，升级旅游休闲消费，提升教育文化消费，鼓励养老健康家政消费。因此，要大力发展新技术、新产品，鼓励商业业态创新，通过新供给来催生新的消费需求，引导消费向着智能、绿色、健康的方向发展。随着模仿型消费阶段的基本结束，个性化、多样化消费逐渐成为主流，因此在大力发展新业态的同时，还要不断提高产品质量和档次，不断适应消费者对产品的个性化需求。

二是要借助各种区域协同战略。随着经济的发展，中西部地区的消费潜力也得到了一定程度的释放，而目前的区域协同战略对进一步促进中、西部欠发达地区的消费有着重要的作用，其中"长江经济带"建设是新时期我国区域协调发展和对内对外开放相结合的重要举措，这项政策史无前例地把东、中、西部连贯打通，是向内陆推进建设经济带的重要一步。"一带一路"沿线在我国境内主要为西部地区，东部发达地区为了积极参与该战略，会通过经济纽带与中、西部地区联系在一起，以市场的力量来促进区域之间的互动，这些都会进一步激发中、西部地区的消费潜力。而新型城镇化的核心在于"以人为本"，随着越来越多的农村人口、信息、资金、技术等生产要素汇聚城市，将在城市产生巨大的聚集效益和规模效益，使生产要素市场尤其是劳动力市场能够更好地发育，在城市能获得相对于农村工资更高的就业机会，从而提高城镇居民的收入水平，促进消费结构升级。因此，城镇化是扩大消费和促进消费升级的重要手段，而"京津冀一体化""长江经济带"建设则给新型城镇化的发展带来无限的机遇，这些区域之间公共服务、社保制度、交通等的联通，会使其成为未来城镇化发展的主战场。因此，要提振消费，就要借助各种区域协同战略的力量，来积极带动中西部地区和各地城镇化的发展。

三是要优化消费环境。规范市场秩序，促使市场竞争由数量扩张和价格竞争逐步转向以质量型、差异化为主的竞争；促进制造企业服务化发展，保障消费者权益；加快消费领域基础设施建设，贯彻落实"宽带中国"战略等。

3. 实质推进供给侧结构性改革，为工业增长提供新动能

对于中国工业发展而言，2016年关键是要实现供给侧结构性改革的突破，在"十三五"开局之年能有实质性深层次的改革推进，逐步形成实施工业强国战略的有效机制，从而加快推进工业增长动力转换，尽早实现工业经济增长的筑底成功。工业供给侧结构性改革的主要目标是改善要素资源配置机制，再造一个工业发展的新生态系统。这个新工业生态系统运行的核心是提高工业创新能力与全要素生产率，从而促进工业增长方式从劳动力和物质要素总量投入驱动主导转向知识和技能等创新要素驱动主导，推动我国从工业大国向工业强国转变。工业供给侧结构改革的具体任务可体现在企业、产业和区域三个层面。在企业层面，要加快处置"僵尸企业"，对持续亏损3年以上且不符合产业结构调整方向的企业采用资产重组、关闭破除等措施予以"出清"；政府要向企业简政放权，降低企业制度性交易成本；深化国有企业改革，2016年争取在垄断行业国有企业混合所有制改革、建立以"管资本"为主的国有资产管理体制、国有经济战略性布局调整和完善现代企业治理结构等方面迈出实质性的步伐；同时，还要完善企业创新激励机制，重视发挥和调动企业家的核心作用。在产业层面，积极推进《中国制造2025》与"互联网+"战略，但要坚决避免以加快推进《中国制造2025》为借口，进一步强化实施选择性产业政策，从而影响良好技术创新生态的建设，最终背离《中国制造2025》的初衷；要进一步实施打破生产性服务业垄断和市场管制、改革投资审批、加强信用制度建设等深化体制机制改革措施，消除体制机制障碍，提高生产性服务业、服务制造业的能力和效率；注意产业政策与竞争政策的协调，推进产业政策从政府选择、特惠措施为主的选择性产业政策取向，转向普惠性、促进公平竞争和科技进步的功能性产业政策取向，从而促进竞争政策基础地位的逐步实现。在区域层面，通过发挥市场机制的引导作用，来推进"一带一路"战略、京津冀协同发展战略、长江经济带战略和东北老工业基地振兴新战略，政府要构建有效的产业环境来促进劳动力、资金等供给要素的跨区域流动，形成区域开放与协调发展新格局。

一是提高做强做大中高端产业的能力。我国进行结构性调整，实现产业的转型升级，在制造业领域就是要提高生产中高端产品的能力和国际竞争力，提高中高端产业对我国经济增长的贡献。"十一五"以来，我国中高端产业的国际竞争力虽然有所提高，但在产品出口中所占比重仍然偏低，我国推进中高端产业发展的能力有所不足。2014年我国中高端产品占总出口的比重为65.24%，而全球中等偏上收入国家的比重为69.11%，高收入国家的比重为81%，全球的平均比重为76.3%，分别比我国高约5个百分点、16个百分点和10个百分点。2014年我国进口产品中，中高端产品占比超过了90%，高于全球中等偏上收入国家近9个百分点，高收入国家近14个百分点。

二是推进我国发展现代服务业的能力建设。服务业国际竞争力不足，知识与技术含量不高，是我国经济发展中的一个短板。我国服务业占GDP的比重已经超过了工业，但服务业总体竞争力不足，服务出口中的知识和技术含量，与发达国家相比有较大差距。2014年我国服务业出口占总出口的比重约9.1%，大大低于全球平均水平和发达国家的水平。2014年全球服务业出口占总出口的比重超过20%，美国服务业出口占总出口的比重超过30%；就是以制造业见长的日本和德国也都大大超过我国，其服务业出口在总出口中的比重分别在15%和19%以上。在服务业出口中，我国的金融服务、保险服务出口所占比重，2014年不足2%，与中等偏上收入国家大体相当，知识产权使用费所占比重不足0.3%，略低于中等偏上收入国家的水平，后者为近0.7%。我国的金融服务和知识产权出口，与高收入国家相比，差距十分明显。2014年，高收入国家金融服务出口占服务出口的比重超过10%，知识产权服务占服务出口的比重超过7%。我国服务业整体上知识含量、技术含量不高。

三是塑造更多发挥先发优势的引领型发展能力仍然较弱，需要为扩大领先优势打下更雄厚的基础。全球正在经历一场深刻的技术革命，这为我国塑造更多依靠创新驱动、更多发挥先发优势的能力，提供了前所未有的历史性机遇。我国已经有一批重大科技成果，达到了国际先进水平，在国际科技前沿和研究前沿已经占有一定地位。由中国科学院文献情报中心和汤森路透共同完成的《2015研究前沿》报告表明，在100个热点前沿和49个新兴前沿上，美国在143个前沿领域，都有核心论文入选，占总前沿数的96%，在108个前沿中的核心论文数都排名第一，占72.5%；英国、德国和法国，分别在120、106和94个前沿有核心论文入选，所占比例分别为80.5%、71.1%和63.1%；中国在82个前沿有核心论文入选，所占比例为55%，低于美、英、德、法。由世界知识产权组织撰写的《2015年世界知识产权报告》表明，我国在3D打印、纳米技术和机器人等新技术领域的专利申请上，成绩斐然。2005年以来，我国在3D打印和机器人领域的专利申请占全球的比重超过1/4，是纳米技术三大专利申请来源国，但我国申请专利的主要是大学、研究机构。1995年以来，三大新兴领域前十位专利申请机构，在机器人领域，来自日本的企业有8家；在纳米技术领域，来自日本的企业有6家，来自美国的企业有3家；在3D打印领域，有4家企业来自美国，来自德国和日本的企业分别有3家。从这两份报告可以看出，我国在研究前沿方面虽已有较强的贡献度，但与美、英、德相比，仍有差距，实施颠覆性创新、前沿技术创新的前沿基础知识创新能力仍需进一步累积。我国在前沿技术创新上，虽然表现出了较大潜力，但作为创新主体的企业，实施前沿性技术创新的能力，培育和发挥先发优势的能力仍然不强。

四是做优劳动与资源密集型产业、低技术水平产业的能力亟须提升。近年来，我国劳动与资源密集型产业、低技术水平产业的比较优势虽然有所弱化，但仍然具有很强的国际竞争力，2014年两者合计的国际市场占有率超过26%；在我国出口产品中，两者合计占比超过30%，与中等偏上收入国家相近。我国进行结构性调整，总体方向是要提高中高端产业的比重，但这不意味着，要完全放弃这两类产业。因为即便是高收入国家，这两类产业出口在产品出口中仍占有相当比重，2014年约为19%。但这两类产业在我国的发展，当前面临一些问题，主要是面临较大的成本上涨、质量提升、环境保护压力，部分行业产能过剩严重。这些问题的形成，固然有体制和机制上的原因，需要通过体制与机制创新加以解决，但相当程度上与企业创新能力不足有关。改革开放以来，为了治理部分产业的产能过剩，我国曾花了很大力气，下了很大功夫，也取得过明显成效，但产能过剩问题在一个时期解决之后，在另一个时期又会出现，循环往复，没有被根治。这固然有体制机制上的原因，但更重要的原因在于，企业创新能力不足，企业能力同质化现象严重。如果不从根本上解决这一问题，提高企业创新能力，化解产能过剩的内生动力的就不可能形成，产能过剩问题也就难以从本上得到根治。

4. 提高投资效率，充分发挥财政资金的引导作用

在过去相当长的时间内，高度依赖投资来拉动经济增长，造成大量的重复投资或无效投资，而不科学的财税体制和政绩，又进一步助推了投资的过度膨胀，使投资效率日益下降，投资对工业经济增长的拉动作用锐减。要重新调动投资对经济增长的积极性，当务之急是要提高投资效率，并发挥财政资金在投资方面的引导作用。

一是着力解决产能过剩的问题。当前，产能过剩不仅发生在传统产业，一些新兴产业也因为重复投资、结构趋同而出现了产能过剩现象。为了化解产能过剩问题，国家、地方、部门以及企业必须严格控制产能增量，尤其是地方政府，不能因为追求地方经济发展，而一味地增加投资，也不能因为新兴产业有较大的发展潜力，而盲目跟风投资，将产能控制在源头；已经形成的过剩产能，就要依靠结构优化或调整，积极推进企业并购重组，也可以借助"一带一路"建设，将我国过剩但在国外仍具有优势的产能转移到"一带一路"沿线其他国家；同时，建立库存预警机制，对企业库存变动情况进行实时监测。企业根据市场预期的变化增加或减少库存往往能够加剧工业经济增速的波动，并带来一系列的金融风险和财务风险。为降低企业个体行为的盲目性，国家应建立库存预警机制，定期公布不同行业的库存总量、库存增速、库存周转率、库存周转天数等指标，为企业调整生产规模提供信息。

二是挖掘新的投资潜力。目前，我国经济社会发展中，存在着严重的产业不平衡和区域不平衡的问题，很多地区的基础设施条件还比较落后，众多民生问题也依赖于投资才能解决。因此，未来我国的固定资产投资增长还有较大空间。具体来看，可从以下三个方面着力：加大对民生项目的投资，包括教育、医疗、地方道路建设、农村基础设施改善、宽带网络线路、信息通信、铁路交通等；加大对科技项目的投资，包括一些重大的共性技术、新一轮工业革命相关技术、国防科学技术等；加大对环保项目的投资，包括先进环保技术和装备、环保产品、环保服务等。

三是改革投融资体制。面对经济下行压力，2016年国家势必会采取积极的财政政策，而要提高投资效率，除了发挥市场作用之外，还需要调整财政资金的投资方式，发挥财政资金在投资方面的引导作用，例如设立产业投资基金、积极推广PPP模式等，加快实施一批带动面广、投资效益突出的重大项目，使国有资本和私人资本处于公平竞争的环境之下，充分激发民间资本的活力，也提高国有资本的利用率和投资效率，发挥其撬动投资的作用，同时还能在很大程度上缓解地方政府债务问题。

5. 释放企业活力，使其成为市场竞争的真正主体

今后除了加快推动供给侧改革、着力化解产能过剩之外，还有对垄断行业进行改革、要素市场化等方面需要推进。这几个层面实质上都是要发挥市场在资源配置中的主导地位，企业作为市场经济活动的最主要参与者，使其成为市场竞争的真正主体，是对市场在资源配置中

起决定性作用的最好阐释。

一是大力推进混合所有制改革。国有企业长期以来效率低下、缺乏市场活力，尤其在石油天然气、电信、交通等行政垄断性行业内，混合所有制是社会主义市场经济体制的必然要求，也是理顺市场竞争秩序、赋予企业微观主体平等市场地位的根本途径。混合所有制改革的核心便是市场化，通过引入其他所有制资本参与国有企业产权制度的改革和治理机制的完善来实现投资主体或股权多元化，有利于激发国有企业的创新活力，提高其生产效率。因此，应集中力量、排除困难，加快推进混合所有制改革。

二是处置"僵尸"企业、长期亏损企业和低效无效资产。"僵尸"企业具有长期性和依赖性的特点，它们的存在会占用大量的资源，阻碍工业结构的顺利转型和升级，持续对它们输血又会损害公平竞争和优胜劣汰的市场机制，同时它们还往往背负大量负债，造成一定的金融风险。而要处置这些"僵尸"企业，就要对其进行兼并重组或破产，同时还要合理解决人员安置和资产处置问题，提高国有资本的配置和运行效率。

三是积极出台援助政策，缓解企业困难。当前工业企业经营中正面临着严重的困难，国家应有针对性地出台援助政策，帮助企业渡过难关，避免企业大面积倒闭对经济社会造成冲击。一方面，可创新融资方式，加大金融支持。考虑进一步降息、降准，增加货币供给；并针对中小企业，创新融资方式，利用综合授信、买方信贷、个人信贷等方式为那些有市场前景，但面临短期困难的企业提供流动资金。另一方面，由国家负担费用，对企业经营管理人员、技术工人、普通员工进行培训。利用空闲时间进行培训是发达国家应对经济危机的重要手段。同时降低中小企业税负，降低或取消中小企业的营业税。规定在经营困难时期，中小企业申请获批后，可缓缴员工的"五险一金"。

四是借力"一带一路"战略，让更多的企业走出去，在充分了解沿线国家供给和需求的基础上，参与到与沿线国家的产能合作中去，更多地处在国际市场竞争环境之下。支持在国内产能过剩但在沿线国家中拥有竞争优势的行业企业"走出去"，如鼓励钢铁、石化、建材等原材料企业到海外建立生产基地；加强我国与"一带一路"沿线国家在基础设施等领域的合作，积极拓展高铁、核电、航空等优势产业的国际市场空间，提高装备企业的国际竞争力。

6. 健全金融市场，防范系统性金融风险

经济下行压力的存在，使各类隐性风险逐步显性化，如诸多企业存在去杠杆、去产能和去库存的压力，产能过剩企业、僵尸企业等成为银行不良贷款的"重灾区"，使银行不良资产率逐渐呈现上升趋势，加之金融业改革创新带来的金融产品的复杂化，以及地方债务问题，加剧了金融体系的潜在风险。这更需要我们在2016年努力对金融风险进行防范，使金融更好地服务于工业经济的发展。

一是坚持稳健的货币政策。我国工业经济面临着增速换挡期、结构调整期、产能过剩"消化期"叠加的复杂局面，这就需要我国货币政策保持审慎和稳健，针对所出现的不同问题进行定向调控和相机抉择，实现逆周期调节，巩固工业经济基本面，防范潜在风险的出现。

二是完善金融监管体系。促进金融监管模式由机构监管向功能监管转型，随着金融各业综合化经营的迅速发展，金融机构业务交叉频繁，机构监管很难厘清各监管机构的法律关系和所承担的风险责任，而功能监管则可以应对金融机构之间的综合或交叉业务；重点明确界

定中央和地方金融监管职责和风险处置责任；防范和妥善应对重点领域的金融风险，如房地产市场风险、地方债务风险等；进一步深化金融市场改革，健全资本、货币、保险等金融市场，加快金融机构业务转型，加强支付清算体系、法律环境、信用环境等金融基础设施建设，提高抗风险和市场风险管理能力；同时在地区、区域及国家层面建立有效的金融风险监测预警机制，并在国家层面予以统一，提高风险监管的效率、准确度和科学性。

三是加强金融支持实体经济力度。金融风险的源头往往是实体经济所产生的风险，而要更好地防范金融风险，归根结底是要帮助实体经济来更好地防范实体经济风险。在"新常态"下，金融机构要以实体经济的走向为风向标，按照国家产业政策、信贷政策，合理地确定信贷资金走向，加大对实体经济的支持力度，例如，对于经营困难的企业来说，金融机构可以帮助其预防资金链、担保链断裂而产生的系统性风险等。

附　国际工业经济分析

（一）2015年国际工业形势

2015年前11个月，世界主要经济体工业经济缓慢复苏，主要国家和地区的复苏不均衡，发达经济体好于新兴经济体。相比2014年，发达经济体的复苏略有加快，美国经济复苏明显领先于全球经济，也明显好于其他发达国家，新兴经济体大多复苏乏力。2015年第三季度，全球制造业温和增长2.7%，发达经济体制造业产出近年来首次呈增长趋势，而发展中和新兴经济体制造业产出呈下滑趋势。国际货币基金组织2015年10月在《世界经济展望》中预测全球经济2015年将增长3.1%，比2014年低0.3个百分点。经济增长预期下降主要原因是受到大宗商品价格持续低迷的影响，新兴经济体资本流入减少，货币贬值压力增大，导致经济下行风险增加。欧元区和日本工业生产保持增长，PMI继续上升，失业率和PPI持续回落，经济趋势向好。而新兴市场和发展中经济体的经济活动在2015年连续第5年放缓，原因包括大宗商品价格下跌、过去信贷快速增长，以及政治动荡。受美联储加息预期影响，大宗商品出口国汇率大幅度贬值，流向新兴市场的资金总体出现下降趋势。巴西、南非、俄罗斯经济持续下滑，工业生产持续负增长，PMI下降，对外贸易萎缩。巴西、俄罗斯通胀水平居高不下，印度工业生产大幅增长近10%，但PMI持续下降，对外贸易连续12个月萎缩，显示新兴经济体的增长乏力。美联储明年可能会继续加息，其他国家的货币政策普遍仍处于降息、降准的阶段，美元与其他国家货币的利率差距加大，将导致全球资金流向美国市场，欧元区已经历前所未有的资本外流。大宗商品和新兴市场国家经济将进一步受挫。

1. **发达经济体**

（1）美国

2015年前11个月，美国经济稳步复苏，在全球经济中处于领先地位。2015年前3个季度美国的国内生产总值（GDP）按年率计算分别增长0.6%、3.9%和2%。美国消费支出强劲增长，个人消费支出对前3季度GDP的贡献超过一半以上，就业市场稳步改善，核心通胀企稳回升，房地产市场复苏强劲，多数上市公司第三季度盈利水平好于市场预期。美联储于12月16日启动近10年来的首次升息，显示美联储相信美国经济已从金融危机中基本恢复，预期美国通胀将向2%的目标回升，超宽松货币政策时期结束。

第一，就业明显好转。非农新增人口数在2015年10月表现异常突出，接近充分就业目标，消除了投资者对就业市场的担忧，显示美国经济复苏动力强劲。美国劳工部的数据显示，今年前11个月美国平均每月新增就业岗位数达21万，失业率（季调）从1月的5.7%降至11月的5%，为自2008年5月以来的最低值。

第二，工业持续走低。美国工业总体产出指数呈现下降趋势。美国工业总体产出指数在2014年12月达到阶段性高位后，自2015年1月起持续走低，7—9月有所回升，随后又继续下行。11月工业总体产出指数（季调）降至106.53，同比下降-1.2%，同比增速是2010年1月以来首次降低为负值。产能利用率呈现类似的下降趋势。2015年1月美国全部工业部门产能利用率为78.7%，随后不断下降，6月降至77.5%，7月、8月回升至78%以上，自9月起继续下降，11月降至76.95%，是近2年的低位。美国供应管理协会制造业采购经理人指数比工业产出指数的变化提前约2个月。美国PMI从2014年11月起开始快速下降，6个月内下降了7.5，5月、6月小幅度回升，自7月起连续5个月持续下降，11月降低至48.6，达到2009年7月以来的新低，是2012年11月以后首次跌至50以下。这显示美国工业生产活动在复苏缓慢。

第三，通胀率处于低水平。大宗商品价格低迷，尤其是油价屡创新低，拉动通胀率不断下降。自2014年5月起，CPI、PPI同比增速持续下降。2015年1月，CPI、PPI同比增速分别下降了0.9和4个百分点。11月，美国CPI（季调）当月同比增长0.4%，达到2015年的最高水平，PPI（季调）同比下降3.3%，PPI连续第12个月同比下降。持续走低的失业率加上低物价指数，使得美国民众对经济的信心不断提高。

第四，贸易水平持续下降。2015年，美国贸易进口和出口同比都为负增长，且降幅呈现波动增大的趋势，出口同比降幅总体超过进口降幅。10月,贸易逆差(季调)为439亿美元,逆差同比减少2.66%,较9月增加14亿美元;其中,美国出口总额(季调)为1840.6亿美元,同比下降6.9%,进口总额(季调)为2279.5亿美元,同比下降5.2%。

(2)欧元区

第一,经济复苏趋于明显。2015年第二季度和第三季度欧元区的国内生产总值延续增长势头,同比分别增长1.5%和1.6%,延续了2014年第三季度以来温和增长的态势。欧元区三大经济体持续复苏,工业生产持续增长。第三季度,德国和法国经济同比分别增长1.7%和1.2%,意大利经济同比增长0.8%,葡萄牙经济同比增长1.4%,而希腊同比下降1.1%。家庭消费支出的增长和商品库存增加成为了推动欧元区经济增长的主要动力,以家庭消费为代表的内需动力增强。2015年第三季度,欧元区的家庭消费支出环比增加了0.4%。2015年1月,欧洲央行宣布将实施总额高达1万亿欧元的量化宽松政策,通过购买政府债券来增强流动性,以解决欧元区面临的低通胀率、经济动力不足等问题。欧洲央行在12月初削减存款利率至-0.3%,并扩大资产购买,使量化宽松计划的规模达到1.46万亿欧元。量化宽松的政策已取得积极效果，使欧元区经济复苏获得了动力。

第二，工业生产保持增长。2015年前10个月，欧元区17国工业生产指数（季调）保持同比正增长，增速呈现波动上行。10月，同比增长1.9%，环比增长0.6%。欧元区产能利用率不断上升，第三季度为81.6%，比第二季度上升了0.3个百分点，比第一季度上升了1.4个百分点，是2009年以来的最好水平。PMI持续上升。12月，欧元区制造业采购经理人指数为53.1，比11月上升了0.3，已连续4个月增长，达到近20个月以来的新高，已连续30个月保持在50以上，连续9个月保持在52以上，显示了良好的发展趋势。德国、法国、意大利的PMI都保持了增长。德国正在摆脱新兴市场增速放缓的影响，11月制造业PMI升至52.9，为3个月以来的最高水平。

第三，失业率持续下降。2015年10月，欧元区失业率（季调）为10.7%，继续下降，与2014年同期相比，下降了0.8个百分点，是2012年2月以来的最低水平。欧元区25岁以下失业的青年人数同比减少了19万。

第四，核心通胀率波动上升，PPI持续回落，通缩压力仍存在。2015年11月欧元区剔除食品和能源价格的核心CPI同比增长0.9%，比2014年11月高0.2个百分点。10月，欧元区17国生产者价格指数同比下降3.1%，欧元区PPI自2013年8月以来已连续27个月同比下降。

第五，贸易顺差缩小。新兴市场国家经济增速放缓，其在欧元区的进口量大幅下降等因素拖累了欧元区的贸易增长。2015年10月份，欧元区18国贸易顺差（季调）为198.5亿欧元，较9月略减少，出口同比增长0.6%，进口同比下降0.4%。进口和出口在3月、4月和6月同比增速较高。

（3）日本

第一，经济有一定回暖。日本2015年第二季度GDP萎缩0.7%，第三季度GDP折合年率增长1%，远超市场预期，避免了连续两个季度负增长的情况。主要原因是汽车厂商受北美地区销量增长的带动，企业设备投资表现良好，以及日元贬值促使外国游客增加。但出口和家庭消费下降、核心物价下跌，表明日本经济仍未全面复苏。日本内阁12月批准270亿美元的追加预算，用于向低收入老人发放现金津贴、给农民提供补助、奖励企业增加资本支出，以刺激日本经济增长。2015财政年度的一般会计预算开支规模达到了99.6万亿日元，比2014财政年度大幅度提高。

第二，工业生产微弱增长。2015年10月，日本制造业工业生产指数（季调）同比增长0.2%，1—10月中仅有3个月为正增长。前10个月，日本产能利用率指数（季调，2010年=100）同比均为负增长，10月该指数同比下降1.9%，环比上升1.3%。作为民间设备投资领先指标的"除船舶和电力外的民间需求"订单额同比增速转为负值，显示企业对投资较为谨慎。PMI呈现上升趋势。PMI在4月达到近14个月的新低49.4，之后波动回升，持续保持在荣枯线以上。12月，日本制造业采购经理人指数为52.5，比4月上升了3.1。失业率持续下降。前11个月，日本失业率（季调）持续缓慢下降，11月为3.3%，比1月下降0.3个百分点，10月创近年来的最低值3.1%。

第三，通缩压力较大。受油价下滑及消费疲软等因素影响，日本PPI持续下降。11月，日本生产者价格指数同比下降3.6%，连续8个月同比下降，降幅保持稳定。11月CPI和核心CPI同比分别增长0.3%、0.1%，有所好转。贸易逆差比2014年明显缩小。11月,日本贸易逆差为3813亿日元,仅为1月的1/3,主要由进口额大幅度减少导致。11月出口额、进口额同比分别下降3.3%、10.2%。中国经济放缓影响了日本经济,来自中国及其他国家的智能手机生产商订单明显下降。

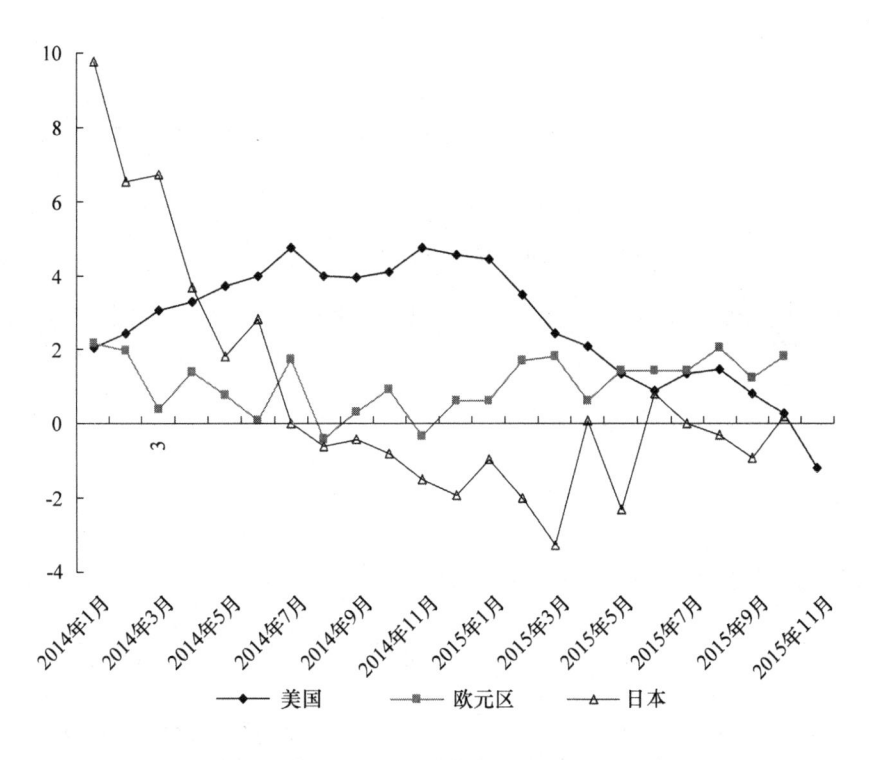

图21 主要发达国家工业生产指数同比增长率（单位:%）

注：计算同比增长率的指标为美国工业总体产出指数（季调，2007年＝100）、欧元区17国工业生产指数（季调，2010年＝100）、日本制造业工业生产指数（季调，2005年＝100）。

数据来源：Wind资讯数据库。

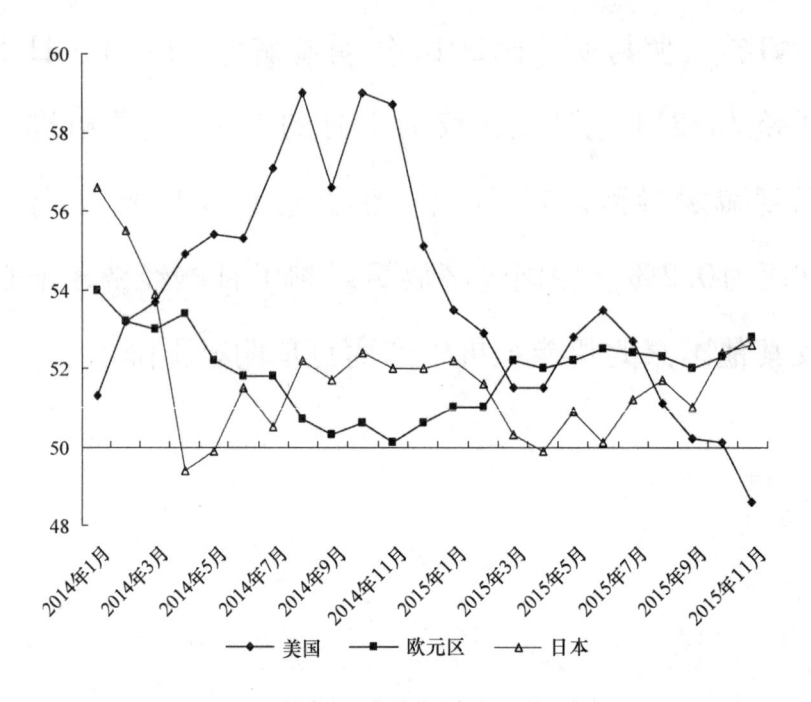

图22 主要发达国家制造业采购经理人指数

注：使用的指标为美国供应管理协会（ISM）制造业 PMI、欧元区制造业 PMI、日本制造业 PMI。

数据来源：Wind 资讯数据库。

2. 新兴经济体

主要新兴经济体国家中，印度工业生产持续增长，PMI和对外贸易大幅下降。大宗商品价格暴跌和美联储加息预期，导致巴西工业生产持续萎缩，货币汇率贬值，对外贸易明显萎缩，物价持续上升，陷入滞涨。俄罗斯生产和对外贸易萎缩，物价居高不下。南非工业生产微弱增长，PMI 略有回升。新兴经济体的增长乏力将拖累全球经济。

印度工业生产持续增长，PMI下降。2015年第三季度印度经济同比增长7.4%，高于第二季度7%的增速，延续了2014年第二季度以来经济增长的势头，制造业第三季度增速为9.3%，服务业增速较快是支持该季度取得较快增长速度的主要因素。10月，印度工业生产指数同比增长9.8%，增速为近5年来的最高值，已实现连续12个月同比正增长，2015年各月增速明显高于2014年同期。11月，印度制造业采购经理人指数为50.3，已连续4个月下降，但已连续25个月保持在50以上，反映出印度生产仍有增长动力。PPI持续下降。2014年5月后印度批发价格指数WPI同比增速从6.2%持续下降，2015年11月，同比下降2%，连续13个月同比负增长，降低速度在明显减缓。对外贸易同比大幅下降。11月，印度实现贸易逆差97.8亿美元，出口额为200亿美元，同比下降24%，进口额为298亿美元，同比下降30%，出口额和进口额都已连续12个月同比负增长，下降幅度仍有增大的趋势。

俄罗斯工业生产萎缩，通货膨胀加剧。油价下跌威胁俄罗斯经济陷入第2年衰退。2015年1—9月同比下降3.7%，第三季度俄罗斯经济萎缩4.1%，主要因素是批发和零售贸易同比下降了9.1%。2015年俄罗斯工业生产水平显著低于

2014年，制造业出现了2009年金融危机之后最严重的萎缩。2015年11月，俄罗斯工业生产指数（季调）同比下降3.6%，已连续10个月同比负增长，降幅有收窄的趋势。1—8月俄罗斯PMI均在50以下，10月和11月连续2个月保持高于50的水平。自2014年10月，俄罗斯通货膨胀持续加剧。2015年11月，俄罗斯PPI同比大幅增长13.9%，已连续10个月保持9%以上的增速。3月CPI高达16.9%，创2002年3月以来的新高。11月，CPI同比增长15%，已连续14个月保持8%以上的高通货膨胀水平，增速略有下降。失业率在年内回落后回升至年初的水平。11月，俄罗斯失业率为5.8%，比10月上升0.3个百分点。由于油价下跌，卢布兑主要货币大幅贬值，卢布2015年已累计下跌近19%，至年内低点。对外贸易大幅萎缩。10月，俄罗斯贸易顺差为100.6亿美元，1—10月出口额同比下降32%，进口额同比下降38%。

南非经济增速逐渐放缓，工业生产率下降，经济复苏存在不确定性。2015年前3个季度南非经济折合年率环比分别增长4.6%、2.8%和2.6%。第3季度实际GDP同比增长1.2%。第三季度制造业为GDP贡献了-0.8个百分点。10月份，南非制造业生产指数（季调）同比下降

1.1%。上半年，南非PMI在荣枯线上下交替，下半年PMI大幅度下降。11月，南非制造业采购经理人指数（季调）为43.3，继10月下降1.8后再次大幅度下降4.8，已连续4个月低于50。商业活力疲弱，第三季度全国性大罢工和经济不景气抵消了世界杯期间消费突增的收益，预计第四季度南非经济增速还将继续下滑。失业率居高不下。第三季度，南非失业率为25.5%，比第二季度上升0.5个百分点。物价水平有上涨趋势。11月CPI同比增长4.77%，PPI同比增长4.3%，CPI、PPI同比增速分别比1月高0.34、0.8个百分点，在年内呈不断提升的趋势。贸易逆差同比减少。10月，南非贸易逆差为214亿兰特。1—10月贸易逆差同比减少40%，出口额同比增长5%，进口额同比增长0.1%。

巴西经济状况不断恶化，工业生产持续萎缩。巴西第三季度GDP同比萎缩高达4.5%，经济出现25年来最严重的衰退。10月，巴西工业生产指数同比下降11.2%，自2014年3月以来已经连续20个月同比负增长，且下降幅度还在增大。2015年PMI持续下降。11月份，巴西制造业采购经理人指数下降至43.8，比1月大幅下降6.9，为2009年4月以来的最低值。PMI除1月份处于荣枯线上以外，其他月份均处于荣枯线下。失业率持续上升。巴西六大城市失业率从1月的5.3%不断上升至10月的7.9%，达到2009年9月以来的最高值，11月下降至7.5%。通货膨胀持续加剧。CPI同比增长率从1月的7.1%增加到11月的10.5%，达到2003年12月以来的最高值。11月，巴西PPI同比增长11.5%，增速

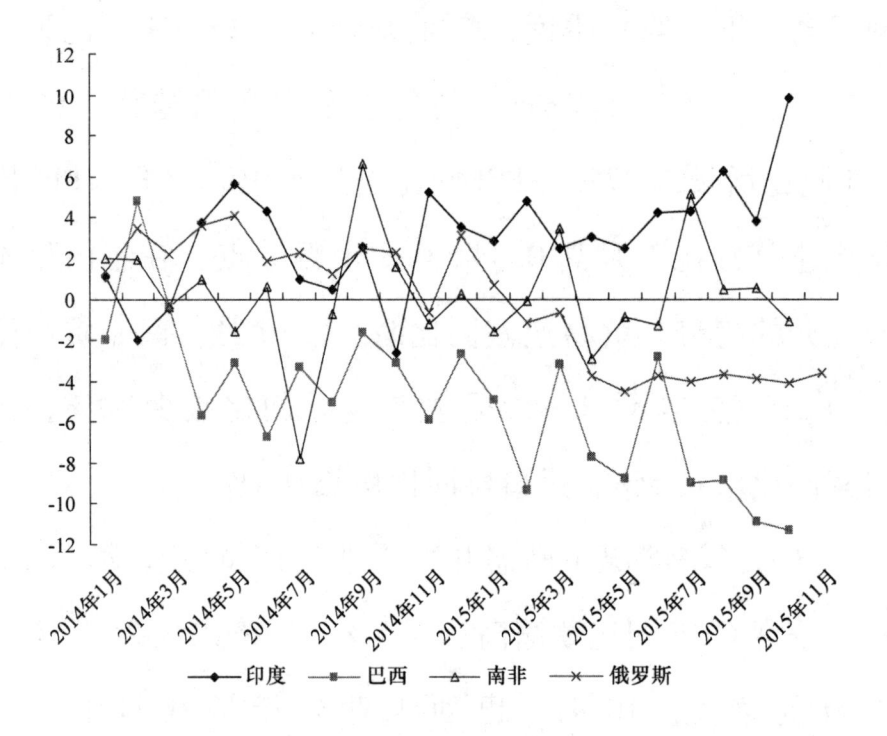

图23 主要新兴经济体工业生产指数同比增长率（单位:%）

注：计算同比增长率的指标为印度工业生产指数（2004—2005年=100）、巴西工业生产指数（2012年=100）、南非全部制造业生产指数（季调，2010年=100）、俄罗斯工业生产指数（季调，2010年=100）。

数据来源：Wind资讯数据库。

比1月大幅度提高9个百分点,自3月以来已连续8个月同比增速逐月加快,连续两个月超过10%,为2011年5月以来的最高值。金融市场大幅动荡,汇率大幅下跌,美联储的加息预期导致巴西国内资本流出压力提升。贸易大幅萎缩,顺差减小。2015年1—11月,巴西贸易逆差为42亿美元,2014年同期为顺差130亿美元,出口额、进口额分别比2014年减少18%、26%。

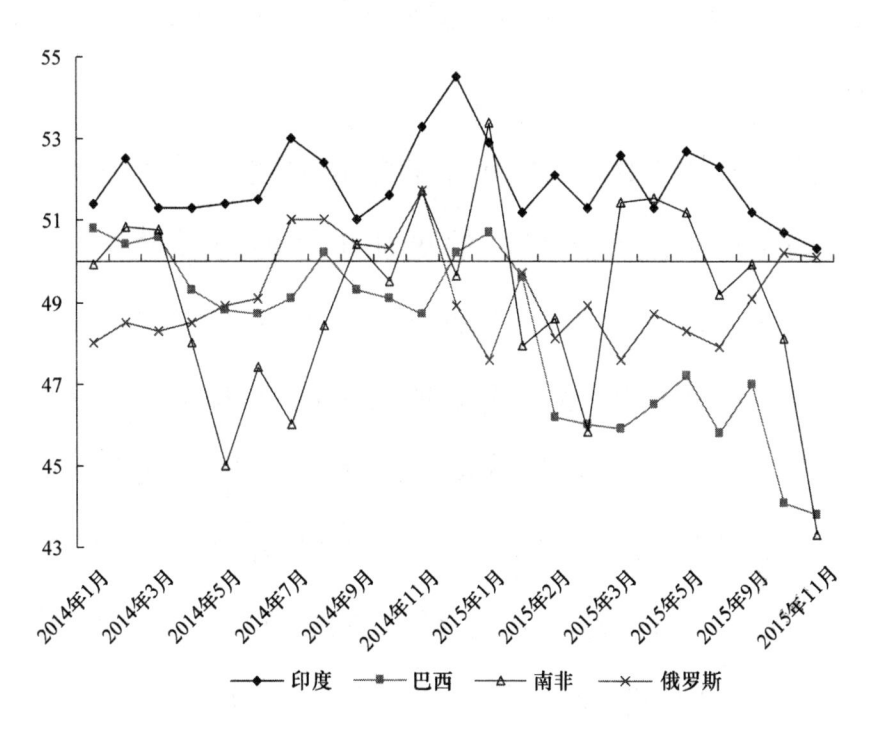

图24 主要新兴经济体制造业采购经理人指数

注:使用的指标为印度制造业PMI、巴西制造业PMI、南非PMI(季调)、俄罗斯制造业PMI。

数据来源:Wind资讯数据库。

(二) 2016 年展望

2016年，世界经济将继续缓慢复苏，复苏进程的区域分化将持续，发达经济体好于新兴经济体。联合国贸易和发展会议《2015贸易和发展报告》预计，2015年全球经济增长率为2.5%，主要是由于发达经济体经济已开始缓慢复苏。国际货币基金组织2015年10月《世界经济展望报告》预计2015年全球经济增长3.1%，2016年增速将为3.6%，且缺乏平衡。

预计发达经济体2016年的增长率将小幅上升。宽松的金融条件、欧元区采取的更加中性的财政政策、燃料价格下跌，以及信心和劳动力市场状况不断改善依然是推动发达经济体的经济活动加快的潜在因素。美国经济已经走上可持续的复苏轨道。2016年美国经济复苏趋势不变，仍然维持温和扩张，内生增长动力稳定且强劲，美国经济基本面优于大多数主要经济体。美联储预计2016年美国经济将增长2.4%，高于2015年的2.1%。但受人口老龄化、劳动生产率增长放缓等因素影响，未来几年美国经济将很难突破金融危机以来2.2%的年均增速。美国9年来首次加息将产生外溢效应，导致信贷条件趋紧和新兴市场偿债成本上升，以美元计价且债务比例高的企业面临违约风险，大量违约可能侵染银行系统和各国政府。2016年美联储将渐进性加息，加息幅度和次数取决于通胀。美联储加息会产生外溢效应，加剧全球资本流向美国。世界其他主要经济体依然实施宽松的货币政策，美元将进一步升值，打压美国出口，对美国经济增长造成不利影响。美国主导的"跨太平洋战略经济伙伴协定"（TPP）将消除美国1.8万种出口商品的关税，极大推动美国对外贸易和经济增长。

欧元区经济在宽松货币政策的刺激下，2016年有望实现可持续的温和复苏。量化宽松政策将降低企业的借贷成本，推动实体经济的复苏。量化宽松政策使欧元汇率大幅下跌，推动了出口增长，促进了就业。工业和家庭消费作为欧元区经济的支柱，两者都表现强劲。欧元区居民的内需拉动经济增长作用在2016年将会继续，外部拉动作用将逐渐转向正面。欧洲央行、IMF分别预测欧元区2016年的经济增速为1.7%、1.64%，经济增速连续第3年增长，核心国家增长势头良好。随着油价企稳，通缩风险将有所下降。债务通缩的长期压力也将有所缓解，但仍是欧元区经济最大的风险。

日本经济相对乐观，内需和生产预计缓慢复苏，通缩压力可能继续增加。由于出口及企业投资增长乏力，日本政府2015年12月22日预计日本2015财政年度实际GDP增长1.2%，2016财政年度剔除物价变动因素后的实际GDP将增长1.7%。油价大幅下跌使得日本央行提出的2%通胀目标难以实现。日本内阁批准的270亿美元的追加预算将刺激日本经济增长，消费者支出与资本支出增加，有望在未来3年将国内生产总值增长率提高0.6个百分点左右。日本央行未来将加大量化宽松政策的力度。如果中国经济继续减速，以及美国再次加息导致美元骤升，亚太地区经济增长率将进一步下滑，从而严重影响日本经济。

新兴市场和发展中经济体的增长将有企稳或回升的希望。印度工业经济复苏将加速。印度政府提出了"印度制造"计划，通过增加预算支出用于基础设施投资、放宽外商直接投资上限、削减政府补贴、降低企业税等措施，以提高制造业占印度国内生产总值的比重，并创造就业。由于印度的经济改革措施得力，使得可支配收入和投资增加，带动经济成长，国际货币基金组织估计印度经济增速2015—2016年将赶超中国，世界银行则预计2016—2017年赶超中国。惠誉公司2015年12月预计印度2015财政年度实际GDP增速为7.3%，2016财政年度将加速至7.5%，2017财政年度加速至8.0%。

发达经济体的经济活动加快回升带来的溢出效应，外部环境改善，以及对伊朗制裁的放松，使得巴西、俄罗斯衰退程度在2016年将减轻或经济状况部分正常化。国际货币基金组织预测俄罗斯的GDP可能在2015年减少3.8%，2016年减少0.6%，到2017年才能重回经济增长轨道。新兴市场短期内依然受到大宗商品价格进一步下跌和美元大幅升值的不利影响。新兴市场面临的中期风险是中国经济"硬着陆"或潜在增长显著放缓，或更普遍的潜在增长下降带来的溢出效应。

大宗商品价格将继续下降，下降空间有限。主要原因是全球需求减弱，以及供给增加。过去一年半时间内国际油价已下跌2/3，目前全球原油市场供大于求。与伊朗核谈判达成协议后，未来原油产量将增加，美国原油禁令解除意味着全球原油供给将进一步增加，加大国际油价下行压力。中国的大宗商品密集型投资下滑、制造活动萎缩，以及过去矿业投资高涨之后供给增加，金属价格将持续下跌。石油和其他大宗商品价格的继续下跌会对大宗商品进口国的需求起到促进作用,但不利于大宗商品出口国的经济复苏。